Superspitze Fußballwitze

SUPER-SPITZE Fußball Witze

KOSMOS

Alle Illustrationen von Manfred Tophoven und Michael Sassie
Umschlaggestaltung Sabine Reddig, Wöllstadt unter Verwendung folgender Motive: Fotokostic/shutterstock.com (Fußballspieler), FokusStocker/shutterstock.com (Fußball), Saroj Khuendee/shutterstock.com (Stoppuhr), Alexander Mak/shutterstock.com (Schuhe), Tond Van Graphcraft/ shutterstock.com (Trikot).

Das Quiz für Fußballchecker – Auflösung:
1.A (Gründung 1887), 2.A, 3.C, 4.C, 5.B, 6.B, 7.B, 8.A, 9.B, 10.B, 11.A, 12.C,
13.B, 14.A, 15.B, 16.C, 17.B, 18.C, 19.B, 20BA

MIX
Papier aus verantwortungsvollen Quellen
FSC® C014138
FSC www.fsc.org

Gedruckt auf chlorfrei gebleichtem Papier

ISBN 978-3-440-17258-2
Redaktion: Teresa Baethmann
Layout und Satz: Gabriela Müller, Michelle Jehle
Produktion: Verena Schmynec
Druck und Bindung: Finidr, s.r.o., Česky Těšín
Printed in the Czech Republic / Imprime en Republique tchèque

Die spanische Fußballnationalmannschaft hat während der WM ein Waisenhaus in Brasilien besucht. „Es ist so traurig, in die hoffnungslosen und leeren Augen zu schauen", sagte der elfjährige Pepe.

Hannes Wolf findet einen Flaschengeist. Sagt der Geist: „Du hast mich gerettet. Du hast einen Wunsch frei!"
Wolf holt eine Weltkarte aus der Hosentasche und sagt: „Ich wünsche mir Weltfrieden!"
„Das geht nicht!", antwortet der Geist.
Daraufhin Wolf: „Dann wünsche ich mir, dass der VfB Stuttgart UEFA-Champions-League-Sieger wird!"
Der Geist seufzt und sagt: „Kann ich die Weltkarte vielleicht noch mal sehen?"

Ein Mann sitzt im eigentlich ausverkauften Stadion des WM-Finales und hat neben sich einen leeren Sitz. Irritiert fragt er den Zuschauer auf der anderen Seite des leeren Platzes, ob der Platz jemandem gehöre. „Nein“, lautet die Antwort. „Der Sitz ist leer.“
„Aber das ist doch unmöglich! Wer in aller Welt hat eine Karte für das WM-Finale, das größte sportliche Ereignis überhaupt, und lässt dann den Sitz ungenutzt?“
„Nun, der Sitz gehört zu mir. Meine Frau wollte mitkommen, aber sie ist kürzlich verstorben. Es ist das erste WM-Finale, das wir uns nicht gemeinsam ansehen können, seitdem wir geheiratet haben.“
„Oh, das tut mir leid. Aber wollte denn niemand Ihrer Verwandten oder Freunde an ihrer Stelle mitkommen?“
Der Mann schüttelt den Kopf: „Nein, die sind alle auf der Beerdigung.“

Wann wurde die Fußballmannschaft zum ersten Mal schriftlich erwähnt?
Im Alten Testament. Da heißt es: „Sie trugen seltsame Gewänder und irrten planlos umher.“

Das Pokalendspiel hat fast schon begonnen, da kommt noch ein Sportsfreund zum Kartenhäuschen gehetzt. „Es tut mir leid, das Stadion ist bereits bis auf den letzten Platz belegt!“, sagt die Frau an der Kasse. „Spitze, dann geben Sie mir doch einfach den!“

„Langsam habe ich das Gefühl, dass ich mit meinem linken Fuß mehr anfangen kann, als nur zum Bier holen gehen."
Thomas Müller

Philipp Lahm kommt von einem Trainingsspiel nach Hause. Seine Freundin wundert sich: „Du, dein Schienbein ist ja noch ganz dreckig! Hast du nicht geduscht?" Lahm daraufhin: „Da hab ich im Gedränge in der Dusche wohl irrtümlich das Bein eines Kollegen gewaschen."

Präsident zum Trainer: „Wie war denn der neue Spieler beim Probetraining?“
„Dem gelang ein Sonntagsschuss nach dem anderen.“
„Und warum haben Sie ihn dann wieder weggeschickt?“ „Wir spielen doch immer samstags!“

Die Dame an der Stadionkasse fragt einen Mann, der schon zum vierten Mal eine Karte kauft: „Warum wollen Sie denn noch eine Karte, mein Herr – Sie haben doch schon drei?“ „Richtig“, sagt der Mann, „aber der fiese Kerl am Eingang zerreißt sie mir immer wieder!“

Alexander Frei:
„Wir brauchen keinen Psychiater, wir brauchen einen Heimsieg."

Oliver Kahn sitzt zu Hause und macht ein Kreuzworträtsel. Ehemaliger Torwart mit vier Buchstaben? Kahn will „ich" reinschreiben und merkt, dass „ich" nur drei statt vier Buchstaben hat. Nach endlosem Überlegen fragt er seine Freundin. Die meint: „Du!" Aber nach kurzem Ausprobieren merkt Kahn, dass auch „du" nicht passt.
Schließlich legt er das Kreuzworträtsel beiseite und macht etwas anderes, vielleicht fällt ihm ja dann die Lösung ein. Als er abends im Bett liegt, schießt er auf einmal hoch und meint: „Liebling, jetzt weiß ich die Lösung, die meinen MICH!"

Drei Fußballprofis sitzen im Flugzeug. Plötzlich kommt der Pilot zu ihnen und verkündet, dass sie abstürzen, er aber nur drei Fallschirme habe. Der Pilot schnappt sich einen, sagt: „Ich habe Frau und Kinder!“, und springt los. Darauf sagt der erste Fußballspieler: „Ich bin sowieso der allerklügste und torgefährlichste Spieler der Welt!“, schnappt sich den zweiten Schirm und springt. Da sagt der zweite zum dritten: „Ich bin immerhin ein paar Jährchen älter als du, deshalb nimm du den Fallschirm. Du hast noch so viel vor dir!“
Entgegnet der dritte:„Keine Panik, der allerklügste und torgefährlichste Spieler von allen ist soeben mit dem Schlafsack abgesprungen ...“

Der Trainer fragt den Spieler: „Bist du denn immer pünktlich beim Training?“
Darauf der Spieler: „Natürlich... außer an den Tagen, an denen ich zu spät komme!“

Eine Fußballerin heiratet. Vor der Kirche fragt der Pfarrer einen festlich gekleideten Herrn: „Sie sind sicher der Bräutigam?“ „Nein, ich bin im Halbfinale ausgeschieden.“

Frohes Ereignis im Fußballverein – der Mittelstürmer hat Nachwuchs bekommen. Bei der feierlichen Taufe gleitet dem Pfarrer am Taufbecken das Kind aus der Hand! Doch der Torwart, der als Pate danebensteht, reagiert blitzschnell, hechtet und fängt das Baby kurz vor dem harten Marmorboden auf. Im Kirchenschiff kommt Applaus auf wegen der tollen Reaktionsfähigkeit des Torwarts. Dieser tippt zweimal auf und schlägt weit ab ...

Was ist der brutalste Sport der Welt?
Fußball, da wird geköpft und geschossen.

„Meine Mannschaft ist jetzt wesentlich fairer als früher!“, meint ein Trainer zum Schiedsrichter. „Wie äußert sich das denn?“, fragt der Schiedsrichter. „Neuerdings besuchen meine Jungs nach dem Spiel sogar ihre Gegner im Krankenhaus!“

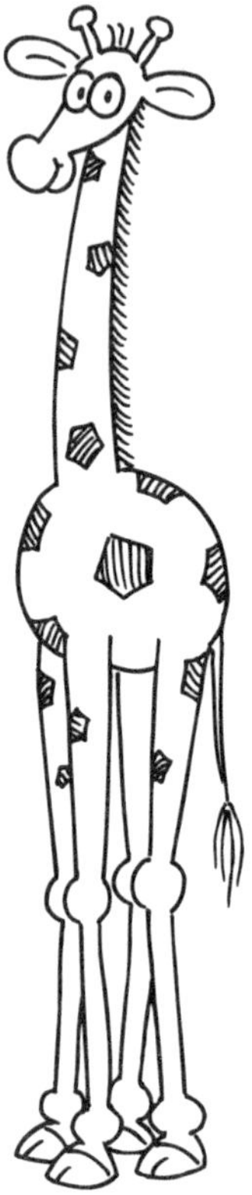

Bernd Schneider:
„Schalke war heute eine Nummer zu groß für uns, nicht nur von der Größe her.“

Nach der erneuten Niederlage macht der Trainer mit seiner Mannschaft einen Stadionrundgang: „So, Jungs“, sagt er, „wo die Fotografen und die Fernsehkameras sind, wisst ihr ja und nun zeige ich euch noch, wo die Tore stehen.“

Eine holländische Familie geht einkaufen. Während sie im Sportgeschäft sind, nimmt sich der Sohn ein Deutschland-T-Shirt und sagt zu seiner Schwester: „Ich habe mich entschieden, dass ich Deutschland-Fan werde, und möchte dieses T-Shirt zum Geburtstag.“ Die große Schwester reagiert wütend und gibt ihm eine Ohrfeige: „Bist du bescheuert, geh und red mit Mutter darüber.“ Also geht der kleine Junge mit dem Deutschland-T-Shirt zur Mutter und sagt: „Ich habe mich entschieden, dass ich Deutschland-Fan werde, und möchte dieses T-Shirt zum Geburtstag.“ Die Mutter reagiert entsetzt und gibt ihm zwei Ohrfeigen: „Hast du sie noch alle, geh und red mit Vater darüber.“ So geht der Junge zum Vater und sagt: „Ich habe mich entschieden, dass ich Deutschland-Fan werde und möchte dieses T-Shirt zum Geburtstag.“ Der Vater dreht komplett durch und prügelt den Jungen an Ort und Stelle windelweich: „Kein Sohn von mir wird je in so einem T-Shirt herumlaufen!“ Ungefähr eine halbe Stunde später sitzt die ganze Familie wieder im Auto und macht sich auf den Heimweg. Der Vater dreht sich zum Sohn um und sagt: „Sohn, ich hoffe, du hast heute etwas gelernt.“ „Ja, Vater, das habe ich.“ „Gut, Sohn, und das wäre?“ Der Sohn antwortet: „Ich bin erst seit einer Stunde Deutschland-Fan und schon finde ich die Holländer zum Kotzen!“

„Du bringst wirklich alle Qualitäten mit, die ein Fußballer so braucht", meint der Trainer zu seinem Stürmer. Dem schwillt schon die Brust. Da seufzt der Trainer und sagt: „Alle, bis auf zwei …"
„Welche denn, die kann ich mir doch bestimmt noch aneignen", sagt der Fußballer hoffnungsvoll.
„Zwei geeignete Füße …"

„Was ich meiner Sturmkollegin Birgit Prinz mit auf den Weg gebe? Es ist wohl eher so, dass die Birgit mir Tipps geben kann."
– Mario Gomez

Was ist der Unterschied zwischen dem 1. FC Nürnberg und einem Bäckergesellen?
Der Bäckergeselle kann Meister werden.

Im Musikunterricht bittet der Lehrer Julian, drei berühmte Deutsche zu nennen, deren Nachnamen mit B beginnen. Julians Antwort kommt wie aus der Pistole geschossen: „Beckenbauer, Ballack und Boateng!“
„Wie bitte, hast du etwa noch nie die Namen Bach, Brahms und Beethoven gehört?“
Julian überlegt kurz. Dann sagt er: „Ich interessiere mich nicht für Ersatzspieler!“

„Glauben Sie, dass ein Hufeisen Glück bringt?“, fragt ein Reporter den Fußballer. „Ja, wenn es im Schuh steckt.“

Zwei ältere Damen unter sich. Fragt die eine: „Wieso läuft dein Mann eigentlich mit einem Verband um die Hand herum?“
„Der Fußball ist schuld!“, antwortet die andere.
„Erzähl mir nicht, dass Dieter in seinem Alter noch Fußball spielt?!“
„Nein, nein, er reagiert sich am Fernseher ab …“

Wer war die erste Fußballmannschaft?
Jesus und seine Jünger. Denn in der Bibel steht: „Jesus stand im Tor von Nazareth und seine Jünger standen abseits.“

„Wir legen hier auf zwei Dinge besonderen Wert“, sagte der Präsident zu seinem neuen Star-Stürmer. „Das eine ist Sauberkeit. Haben Sie sich die Füße auf der Fußmatte abgetreten?“ „Aber natürlich!“
„Und ganz besonderen Wert legen wir auf Ehrlichkeit. Vor der Tür liegt gar keine Fußmatte.“

Nach einer verheerenden Niederlage trauen sich Bastian Schweinsteiger und Lukas Podolski nicht mehr auf die Straße. Mit Bart, Sonnenbrille und Perücke wagt es Poldi eines Tages doch, einkaufen zu gehen. Plötzlich sagt eine uralte Oma zu ihm: „Hey, Poldi, wie geht's?"
„Woher wissen Sie, wer ich bin? Ich möchte unerkannt bleiben!", flüstert Poldi.
„Mensch, Poldi, erkennst du mich nicht? Ich bin es doch, der Schweini ...!"

Unterhalten sich zwei Fans des 1. FC Köln: „Mein Hund kann Kunststücke: Jedes Mal, wenn der FC ein Tor kassiert, macht mein Hund einen Salto."
„Ist ja unglaublich! Vorwärts oder rückwärts?"
„Je nach dem, wo ich ihn treffe ..."

Ein Elefant und eine Maus spielen zusammen Fußball. Plötzlich tritt der Elefant auf die Maus und sagt: „Entschuldigung, ich habe es nicht mit Absicht gemacht."
Darauf die Maus: „Macht nichts, hätte mir auch passieren können."

Ein 90-jähriger Mann, der seit über 70 Jahren leidenschaftlicher Bayern-München-Fan ist, vertraut seinem Sohn seinen letzten Willen an. Er möchte unbedingt bei den Münchnern austreten und schnell noch Mitglied bei Werder Bremen werden. Sein Sohn kann es nicht glauben: „Aber Papa, du bist doch immer ein treuer Anhänger der Bayern gewesen!“ „Ja, mein Sohn, aber wenn meine Zeit gekommen ist, möchte ich nicht, dass es einen Bayern-Fan weniger auf der Welt gibt – dann schon lieber einen Werder-Fan weniger!“

Joachim Löw:
„Kompliment an meine Mannschaft und meinen Dank an unsere Mediziner. Sie haben Unmenschliches geleistet!“

Der Fußballprofi kommt stolz nach Hause: „Ich habe heute zwei Tore geschossen!“ „Und wie ist das Spiel ausgegangen?“ „1:1!“

Bei einem Fußballmatch rufen alle: „NOCH EIN TOR!“ Da sagt Fritzchen erstaunt: „Wieso wollen die noch ein Tor? Da stehen doch zwei!“

„Angeklagte, Sie bestreiten also nicht, Ihren Mann während der Fußballübertragung erschossen zu haben?“
„Nein, Herr Richter.“
„Was waren seine letzten Worte?“
„Schieß doch! Schieß doch endlich, du alte Pfeife.“

Kommt ein Mann an die Kasse der Münchner Allianz-Arena: „Was kostet eine Karte für das Spiel der Bayern gegen Real Madrid?"
„Die teuerste kostet 40 Euro."
„Dann geben Sie mir bitte eine davon! Hier haben Sie 20 Euro."
„Aber das ist ja nur der halbe Preis!"
„Das weiß ich, aber mich interessiert ja auch nur, wie die Bayern spielen, und nicht, was die gegnerische Mannschaft zeigt!"

„Shanghai hat 22 Millionen Einwohner, so viele gibt es ja in ganz Europa fast nicht.“
Bastian Schweinsteiger

In das Krankenzimmer von einem Schiedsrichter wird noch ein Bett geschoben. Er bekommt einen neuen Bettnachbarn. Der neue Patient sagt höflich: „Darf ich mich vorstellen - Müller, Architekt, Arbeitsunfall.“
„Freut mich sehr - Schmidt, Schiedsrichter, Elfmeter gepfiffen.“

Ein Irrer sitzt vor der Waschmaschine und starrt hinein. Ein zweiter kommt vorbei: „Und, zeigen sie schon das Fußballspiel?“ „Nein, es verzögert sich. Im Augenblick wird noch gezeigt, wie die Trikots der Spieler gewaschen werden.“

In einem Fußballstadion ist eingebrochen worden. Der Polizeibeamte fragt mit vorwurfsvollem Blick den Fußballer: „Sie sind doch ein Hochleistungssportler. Konnten Sie den Einbrecher nicht aufhalten?“ „Doch klar“, antwortet der Fußballer, „ich habe ihn sogar überholt und die ganze Zeit die Führung behalten. Als ich mich später umdrehte, war er aber verschwunden.“

Mesut Özil:
„Mein Ballgefühl ist türkisch!“

Ein BVB-Fan betritt eine Kneipe und ruft in die Menge: „Hey, wer will einen tollen Schalke-Witz hören?“ Am Tresen dreht sich ein glatzköpfiger Kerl um und sagt: „Ich bin 1,93 m groß, 140 kg schwer und Schalke-Fan. Mein Kumpel hier ist 2 m groß, 150 kg schwer und auch Schalke-Fan, genau wie dessen Kumpel, der sogar 2,03 m groß und 166 kg schwer ist! Möchtest du uns deinen Witz immer noch erzählen?“
Darauf der Dortmunder: „Lieber nicht, bevor ich ihn dreimal erklären muss!“

„Mir geht es besser als gestern und schlechter als morgen.“
Kevin Kurányi

Max Meyer genießt die Trainingspause beim FC Schalke 04 bei einer Tasse Kaffee und einem Stück Kuchen. Plötzlich stört eine Wespe die Idylle. Meyer ganz entsetzt: „Solange du auf meinem Teller sitzt, trägst du gefälligst nicht die Trikotfarben des Gegners!“

Anruf in dem Hotel, das die deutsche Nationalelf bei der WM beherbergte. „Ich möchte gern Herrn Löw sprechen.“ „Tut mir leid, die Deutschen sind aus dem Turnier ausgeschieden und abgereist.“ Kurze Zeit später der gleiche Anrufer: „Ich möchte gern Herrn Löw sprechen.“ „Ich habe es Ihnen doch eben schon erklärt. Die sind ausgeschieden und abgereist. Kapieren Sie das nicht?“ „Doch, aber ich höre das so gern!“

Deutschland spielt bei der EM gegen Holland. Joachim Löw und seine Spieler unterhalten sich vor dem Match in der Umkleidekabine: „Hört zu, Jungs, ich weiß, die Holländer sind schlecht“, erklärt Löw. „Aber wir müssen gegen sie spielen, um die UEFA glücklich zu machen.“
„Ich mach euch einen Vorschlag“, sagt Manuel Neuer. „Ihr geht alle in ’ne Bar und ich spiele allein gegen sie. Was meint ihr dazu?“ „Klingt vernünftig!“, antworten die anderen Spieler, gehen in eine Kneipe und spielen Billard.
Nach gut einer Stunde erinnert sich Jérôme Boateng, dass ja das Spiel läuft, und schaltet den Fernseher an. „Deutschland 1 (Neuer 10. Min.) – Holland 0“, zeigt die Anzeigetafel. Zufrieden widmen sie sich für eine weitere Stunde wieder ihrem Billardspiel, bevor sie sich das Endresultat ansehen. Die Anzeigetafel zeigt: „Deutschland 1 (Neuer 10. Min.) – Holland 1 (Janssen 89. Min.)“
„Verdammt!“, schreien alle Spieler und rennen entsetzt ins Stadion zurück, wo sie Manuel Neuer in der Kabine sitzen sehen, das Gesicht in den Händen vergraben. „Was zum Teufel ist passiert, Manu?“, schreit Joachim Löw.
„Sorry Freunde“, antwortet Neuer, „aber dieser verdammte Schiedsrichter hat mich in der elften Minute vom Platz gestellt!“

„Stell dir vor", erzählt ein Schotte seinem Kumpel, „gestern ist doch tatsächlich unser Fußballclub aufgelöst worden, dabei besteht er nun seit fast 30 Jahren."
„Wieso? Gab es Ärger?", will der andere wissen.
„Eigentlich nicht. Wir haben nur unseren Ball verloren."

„Manchmal ergibt auch eine schwere Geburt ein schönes Kind."
Löw nach dem mühevollen Start in die EM-Qualifikation im September 2006

Günter Netzer sitzt beim Friseur. Der unterhält sich mit ihm und sagt zwischendurch immer wieder: „Ja, Herr Delling, natürlich, Herr Delling!“ Netzer wundert sich und fragt deshalb etwas ärgerlich: „Warum sagen Sie eigentlich immer Herr Delling zu mir? Sie wissen doch, wer ich bin!“ „Natürlich“, sagt der Friseur, „aber bei dem Namen Delling sträuben sich Ihre Haare so schön!“

Lothar Matthäus:
„Man darf den Sand nicht in den Kopf stecken!“

Wie nennt man die deutsche Nationalmannschaft noch?
Einen Flaschenzug!

Wie groß ist der perfekte Schiedsrichter?
25 Zentimeter. Immer auf Ballhöhe.

Länderspiel. Michael sitzt stolz auf der Ehrentribüne zwischen lauter gut betuchten Leuten. „Woher hast du denn die Ehrenkarte, mein Kleiner?“, fragt sein Sitznachbar. „Von meinem Vater“, sagt Michael. „Und wo ist dein Vater?“ „Der ist zu Hause – und sucht die Ehrenkarte ...“

Ein junger Sportjournalist macht sein erstes Interview – und das gleich bei Felix Magath. Als er in dessen Büro vorgelassen wird, ist er total aufgeregt und geht auf ihn zu mit den Worten: „Herr Magath, ich habe schon so viel von Ihnen gehört!"
Daraufhin sagt Magath: „Aber beweisen können Sie mir nichts!"

„Ich sehe das genauso – nur andersrum." Michael Ballack

Fritz beneidet seinen Freund Franz, weil der einfach der Beste in der Fußballmannschaft ist, vor allem sein starker linker Fuß ist absolut torgefährlich.
„Ach, Franz, ich hätte auch gerne so einen starken linken Fuß wie du." „Keine Chance, Fritz, der ist einfach angeboren", sagt Franz. Meint Fritz: „Dann lass ich mir eben auch einen anbohren."

Klaus macht mit seiner Liebsten ein Picknick im Grünen. Sagt er voller Seligkeit: „Ich möchte wirklich immer mit dir zusammen sein – außer während der Fußballweltmeisterschaft."

Ein schwarz gekleideter Mann klopft an die Himmelstür. Petrus öffnet, schaut kritisch und fragt: „Hast du jemals Unrecht getan?“
„Ja, ich habe in einem Spiel Italien gegen England einen Elfmeter gepfiffen, der keiner war.“
„Halb so schlimm. Und wann war das?“
„Vor ungefähr 30 Sekunden.“

„Ein Nationaltrainer darf nicht Fähnchen im Winde sein. Ich muss Entscheidungen treffen. Dass es viele selbst ernannte Bundestrainer gibt, das ist auch normal. Das kenne ich seit vielen Jahren."
Löw zur Kritik an seinem Führungsstil und seiner Personalpolitik – Oktober 2013

Neuer, Lahm und Müller sitzen in einem Café. Meint der Neuer: „Sachen gibt's: Meine Frau hat *Schneewittchen und die sieben Zwerge* gelesen und sieben Kinder bekommen." – Lahm: „Kenn ich: Meine Frau hat *Jim Knopf und die Wilde 13* gelesen und 13 Kinder bekommen." Müller springt auf und ruft voller Entsetzten: „Oh mein Gott. Meine Frau liest gerade *Alibaba und die 40 Räuber*..."

„Du, Papa, haben Schiedsrichter vor ihrer Karriere auch noch etwas anderes gemacht?"
„Na klar, das sind alles ehemalige Spieler, die wegen ihrer schlechten Augen nicht mehr aktiv spielen dürfen."

Philipp Lahm will sein ganzes Geld abheben. Der Bankangestellte stutzt, zahlt aber 5,83 Mio. aus. Stunden später kommt Lahm zurück und will die 5,83 Mio. wieder auf sein Konto einzahlen. Daraufhin fragt ihn der Angestellte, warum er dann das Geld überhaupt abgehoben habe. Lahm antwortet: „Na, man wird doch wohl mal nachzählen dürfen!"

Zwei Fußballfans unterhalten sich. Sagt der eine: „Gestern Nachmittag hat das enttäuschte Publikum zum Schluss mit faulen Tomaten und Eiern nach den Spielern geworfen.“
„Aber man hat doch auch tosenden Applaus gehört?“
„Ja, stimmt! Nach jedem Volltreffer!“

„Das einzige Tier bei uns zu Hause bin ich.“ Oliver Kahn

„Sie sind jetzt 20 Jahre lang Schiedsrichter, sind Sie mit Ihrer Laufbahn zufrieden?“
„Nein, bin ich nicht! In den ganzen 20 Jahren hat mir niemand Schmiergeld angeboten!“

In einer Münchner Grundschule werden die Kinder von der neuen Lehrerin gefragt, ob sie alle Fans des FC Bayern München seien. Alle Kinder bejahen, nur Maxi nicht. Die Lehrerin fragt ihn erstaunt: „Maxi, bist du als Einziger hier in der Klasse kein Bayern-München-Fan?“ „Nein, bin ich nicht“, sagt Maxi. „Ich bin HSV-Fan! Meine Mama und mein Papa kommen aus Hamburg und sind beide HSV-Fans.“ Die Lehrerin: „Maxi, du kannst doch nicht HSV-Fan sein, nur weil deine Eltern dir das so vorleben. Was wäre denn, wenn dein Vater ein Versager wäre und deine Mutter im Gefängnis säße?“ Maxi zögert keinen Moment und antwortet prompt auf die Frage der Lehrerin: „Ja, dann wäre ich wohl auch Bayern-München-Fan!“

Der Trainer unterhält sich mit seinem Stürmer über dessen Defizite. „Dein Problem ist, dass du zu langsam bist! Gibt es nicht eine Sache, bei der du die anderen Spieler in puncto Schnelligkeit übertriffst?“ „Oh doch“, antwortet der Stürmer nach kurzem Überlegen, „die gibt es: Ich werde extrem schnell müde!“

Der Mittelstürmer humpelt vom Fußballplatz, nachdem seine Mannschaft nach einer 90-minütigen Abwehrschlacht hoch verloren hat. Besorgt kommt ihm der Trainer entgegen und fragt: „Schlimm verletzt?“ Der Mittelstürmer antwortet: „Nein, nein, mein Bein ist nur eingeschlafen!“

Der Fußballstar wird für die nächsten fünf Spiele gesperrt. Nach dem Match läuft er zusammen mit dem Schiedsrichter Richtung Kabine und sagt: „Nicht wahr, Herr Schiedsrichter, das war ein schönes Spiel heute?! Nur zu schade, dass Sie es nicht gesehen haben!“

Was ist der DFB?

DFB ist die Abkürzung für „Deutscher Fußball-Bund“. Jeder Fußballspieler in Deutschland muss Mitglied beim DFB werden, wenn er an offiziellen Spielen teilnehmen will. Der DFB legt unter anderem die Regeln für die Spiele fest. Er bestimmt auch, wann und wo sie stattfinden – von der Bundesliga bis zu den Jugendspielen. Weil das nicht von einem Ort aus für ganz Deutschland organisiert werden kann, ist der DFB in 21 Landesverbände unterteilt. Jeder Landesverband ist für einen bestimmten Bereich Deutschlands zuständig. Der DFB hat über sechs Millionen Mitglieder und ist deshalb der größte Sportfachverband der Welt. Seinen Hauptsitz hat der DFB in Frankfurt am Main. Dort kommt das Präsidium zusammen, wenn es über Veränderungen für den Fußball in Deutschland sprechen muss. Die mächtigste Person des DFB ist der Präsident. Auch das DFB-Sportgericht befindet sich in der Zentrale in Frankfurt.
Dort werden Streitigkeiten verhandelt, die den Fußball betreffen.

Wie wird man Fußball-Bundestrainer?

Eigentlich kann jeder Bundestrainer werden, der beim DFB eine Ausbildung zum sogenannten „Fußball-Lehrer“ macht. Das ist eine andere Bezeichnung für einen ausgebildeten Fußballtrainer. Diese Ausbildung dauert ein halbes Jahr. Den Teilnehmern wird beigebracht, wie man ein Training richtig leitet, welche Regeln und Vorschriften man als Trainer beachten muss und wie man seine Mannschaft richtig auf ein Spiel vorbereitet. Am Ende der Ausbildung müssen alle Teilnehmer eine Prüfung ablegen. Wenn sie die Prüfung bestehen, dürfen sie offiziell als Trainer einer Fußballmannschaft arbeiten. Wer tatsächlich Bundestrainer wird, also die Nationalmannschaft trainieren darf, entscheidet das Präsidium des DFB. Bei der Entscheidung spielen zwei Punkte eine wichtige Rolle: Zum einen soll der zukünftige Nationalmannschaftstrainer schon Erfolge mit anderen Mannschaften gehabt haben. Zum anderen werden oft ehemalige Spieler ausgesucht, die schon viel Erfahrung haben.

„Ich habe bei der Wohnungssuche schon eine Absage bekommen, weil der Vermieter einen langfristigen Mieter wollte.“
Markus Weinzierl bei seiner Vorstellung als neuer Cheftrainer des FC Schalke 04

Robert Lewandowski geht mit einer Glasscheibe durch das Trainingslager des FC Bayern in Afrika. Da trifft er Thomas Müller. Müller fragt: „Warum trägst du denn eine Glasscheibe bei diesen Temperaturen mit dir herum?“ Lewandowski antwortet: „Wenn mir die Sache hier zu heiß wird, drehe ich einfach die Scheibe runter!“

Die Nationalmannschaft kommt von einem Länderspiel wieder und steht am Zoll: „Alkohol, Zigaretten, Parfüm?“, fragt der Zollbeamte.
„Nein, danke!“, sagt der Trainer, „aber einen Kaffee können Sie uns bringen!“

Nach einer schrecklich hohen Niederlage spricht der Trainer zu seiner Mannschaft: „Ihr solltet so spielen, wie ihr noch nie gespielt habt, und nicht etwa so, als ob ihr noch nie gespielt hättet! Das ist ein Unterschied!“

„Ich verstehe nicht, warum man jeden Sonntag unbedingt zum Fußball muss!“, nörgelt eine vom Fußball geplagte Ehefrau. „Eben, eben“, erwidert ihr Mann. „Wenn man von einer Sache nichts versteht, dann sollte man sich auch lieber raushalten!“

Nach der 0:7-Niederlage tippt der Trainer seinem hoch bezahlten Stürmer auf die Schulter und meint: „Wann kriege ich denn mal wieder etwas Ordentliches von dir zu sehen?“
„Heute im Werbefernsehen – da stelle ich die neue Ochsenschwanzsuppe vor!“

„Doppelpass alleine? Vergiss es!“
Lukas Podolski

Sitzt der neue Spieler beim FC Bayern und soll den Vertrag unterschreiben. Sagt der Spieler: „Tut mir leid, ich kann das nicht unterschreiben, ich bin Analphabet!“ Sagt der Vorstand: „Das macht doch nichts. Deine Religion ist uns egal!“

„Das ist Wahnsinn! Da gibt’s Spieler im Team, die laufen noch weniger als ich.“
Per Mertesacker

Nachdem der Torwart einen Ball durchgelassen hat, fragt ihn der Reporter: „Warum haben Sie den Ball nicht gehalten?“
Der Torwart antwortet ehrfürchtig:„Er hat zu mir gesprochen.“
„Was hat er denn gesagt?“
„Lass mich durch, ich bin Arzt!“

**Mario Gomez:
„Fragen Sie mich nach dem Spiel nicht immer nach dem Trainer – das ist doch langweilig!"**

Nach der Scheidung seiner Eltern wird Klausi gefragt, zu wem er denn möchte.
Fragt der Richter: „Möchtest du denn zu deiner Mutter?"
Sagt Klausi: „Nein, die schlägt mich immer."
Fragt der Richter: „Dann möchtest du lieber zu deinem Vater?"
Sagt Klausi: „Nein, der schlägt mich auch immer."
Fragt der Richter: „Ja, wohin möchtest du denn?"
Sagt Klausi: „Ich möchte zum 1. FC Köln, denn der schlägt niemanden."

**Neujahrsnacht. Manuel Neuer meint zu Thomas Müller: „Na, wenn das bloß kein Unglücksjahr wird!" Müller daraufhin: „Wie kommst du denn darauf?" Neuer erklärt: „Es beginnt ausgerechnet mit einem Freitag."
„Ach", sagt Müller seufzend, „da können wir aber froh sein, dass nicht auch noch der Dreizehnte ist!"**

Nach einer Feier sind Arne Friedrich und Per Mertesacker betrunken auf dem Heimweg. Plötzlich bückt sich Friedrich, hebt einen Geldschein auf und jubelt: „Juhuuu, ich hab einen Zehner gefunden!“ Mertesacker reißt ihm den Schein aus der Hand, sieht kurz darauf, zerknüllt ihn und wirft ihn weg. Friedrich ist sauer und regt sich auf. Mertesacker versucht, ihn zu beruhigen: „Sei nicht traurig, das war ein falscher Zehner – es waren zwei Nullen drauf!“

Der Papst macht Urlaub am Meer. Beim Spaziergang sieht er, wie ein Mann mit einem Dortmund-Trikot von einem Hai angefallen wird. Im nächsten Moment kommt ein Motorboot mit zwei Männern im Schalke-Trikot vorbei. Der eine springt selbstlos ins Wasser, tötet den Hai. Der andere zieht den mit dem Dortmund-Trikot aus dem Wasser. Der Papst ist völlig überrascht. Sofort geht er zu den Männern und sagt: „Für euren selbstlosen Einsatz werde ich euch heiligsprechen.“ Nachdem der Papst weg ist, meint der eine Schalker zum anderen: „Wer war das denn?“ Sagt der andere: „Keine Ahnung, aber guck mal nach, ob unser Köder noch in Ordnung ist.

Der Neuzugang des Vereins fragt ganz aufgeregt, wann er denn endlich mal in der ersten Mannschaft spielen dürfe.
Der Trainer antwortet postwendend: „Bist du verrückt?“
„Nein, aber wenn das die Voraussetzung ist, um erfolgreich in der ersten Mannschaft zu spielen ...“

Uli Hoeneß erscheint im Frühstücksraum eines kleinen Hotels und bestellt: „Ich möchte bitte zwei Eier, eines davon steinhart, das andere roh, einen verkohlten Toast mit etwas Schnittkäse, der sich nach oben rollt, und dazu die lauwarme Brühe, die auf der Karte als Kaffee bezeichnet wird.“
„Ich weiß nicht, ob sich das machen lässt“, gibt der Kellner zu bedenken.
„Stellen Sie sich nicht so an. Gestern haben Sie es doch auch hingekriegt!“

Joachim Löw geht mit Thomas Schneider in ein Restaurant.
Der Kellner: „Tut mir leid, Herr Löw, aber dieser Tisch ist reserviert!“
Joachim Löw: „Okay. Dann stellen Sie ihn weg und bringen Sie einen anderen!“

Warum steht die türkische Nationalmannschaft beim Spielende nie mit elf Mann auf dem Platz? Immer wenn sie eine Ecke kriegt, wird ein Dönerstand aufgemacht!

„Eine Minute nach Spielende habe ich noch nicht die Intelligenz, um das Spiel zu beurteilen.“
Jens Lehmann

Lukas Podolski sitzt in einem Interview. „Essen Sie gerne Wild, Herr Podolski?“, fragt der Reporter. „Nein. Lieber ruhig und unauffällig.“

Während der WM-Übertragung meint die Ehefrau zu ihrem Mann: „Ich würde mich ja auch für Fußball interessieren. Wenn ich nur das Bier besser vertragen würde …“

Ein Gespräch unter sportinteressierten Arztkollegen. Sagt der eine: „Der Sport ist eine ungemein völkerverbindende Sache.“ „Wie kommst du denn darauf?“, fragt der andere. „Na ja, nach einem internationalen Fußballmatch habe ich einmal fünf Spieler verbunden.“

„Haben Sie drei Sekunden Zeit?“, fragt ein Zuschauer den Schiedsrichter nach Spielende. Dieser nickt. „Dann erzählen Sie mal alles, was Sie über Fußball wissen.“

„Die Gegenspieler sind viel mitgelaufen. Ich glaube, wenn ich auf die Toilette gelaufen wäre, wären die auch noch mitgegangen.“
Bastian Schweinsteiger

Marko Marin und Mesut Özil machen zusammen die Führerscheinprüfung. Bevor sie endlich mit der Praxis beginnen dürfen, kommt jedoch erst einmal die Theorie auf sie zu.
Fahrlehrer: „Nennen Sie mir ein Teil vom Auto."
Marin: „Linkes Vorderrad!" Özil: „Rechtes Vorderrad!"
Der Fahrlehrer fragt weiter: „Nun ein Teil im Inneren des Autos!"
Marin: „Linker Vordersitz!" Özil: „Rechter Vordersitz!"
Der Fahrlehrer ist beinahe zufrieden, stellt aber noch eine letzte Frage: „Und jetzt noch eine Automarke!"
Marin: „Jaguar!" Özil: „Februar!"

Wie kann man Bankräuber und Fußballstars auseinanderhalten? Der Bankräuber sagt: „Geld her oder ich schieße!" Und der Fußballstar sagt: „Geld her oder ich schieße nicht!"

Mesut Özil und Sami Khedira unterhalten sich: „Weißt du, Sami, wenn ich mal eine Dummheit mache, bin ich Manns genug, darüber zu lachen."
„Dann musst du aber ein lustiges Leben haben, Mesut."

„Sagen Sie, Sie sitzen doch die ganze Woche in der Kneipe herum. Warum kommen Sie nie am Sonntag?"
„Der Sonntag gehört der Familie! Da sitze ich vorm Fernseher und schaue Fußball."

„Es war schon wie in einer Grillbude. Da merkt man erst mal, was für ein faszinierendes Gebilde ein Kaktus ist, da nicht einzugehen."
Thomas Müller

Ein Mann läuft eilig durch die Stadt und fragt einen Spaziergänger: „Entschuldigen Sie, wo geht´s denn zum Fußballstadion?" Der antwortet: „Geradeaus." „So ein Mist! Da will ich ein Mal ins Stadion und dann ist das Spiel gerade aus."

Ein Profifußballer sitzt beim Mannschaftsarzt. Der Arzt: „Und wo haben Sie die Schmerzen zum ersten Mal gespürt?" Der Spieler überlegt kurz und antwortet: „Im Wohnzimmer!"

„I think we have a grandios Saison gespielt.“
Roman Weidenfeller

Zwei Profifußballer unterhalten sich: „Ich war als Kind hochintelligent, ich konnte schon mit zehn Monaten laufen.“ „Das nennst du intelligent? Ich habe mich mit drei Jahren noch tragen lassen.“

Der neue Mittelstürmer fragt den Trainer: „Heißt es: ‚Schlag mir‘, oder: ‚Schlag mich‘?“ Der Trainer prompt: „‚Schlag mich‘ natürlich.“ „Gut, dann schlag mich bitte das Buch auf!“

Max kommt aus der Schule. Es hat Zeugnisse gegeben. „Hier ist mein Zeugnis“, sagt er zu seinem Vater, „und übrigens: Fußballspielen mit Freunden macht mir sowieso keinen Spaß.“

Der Präsident des Regionalligisten stürmt in die Kabine: „Eine gute Nachricht, Männer! In der kommenden Saison steigen wir auf!"
„Klingt ja toll, aber wie sollen wir das schaffen?"
„Keine Sorge, ich weiß schon wie: Ich kaufe einfach elf neue Spieler!"

Der Lehrer fragt Max: „Es gibt Millimeter, Zentimeter, Dezimeter, Meter, Kilometer. Was gibt es noch?" Max muss kurz überlegen und antwortet dann strahlend: „Elfmeter, Herr Lehrer!"

„Ich habe heute beim Fußball den ersten Preis gewonnen!", erzählt Hanna stolz. „Quatsch, ich war doch dabei. Deine Mannschaft hat den dritten Preis gewonnen", sagt eine Freundin. „Na ja, ich hatte vorher aber noch keinen."

„Sind Sie öfter hier im Fußballstadion?"
„Da pfeif ich drauf!"
„Oh, das heißt, dass Sie mit Fußball gar nichts am Hut haben?"
„Ganz im Gegenteil, ich bin Schiedsrichter!"

Schalke spielt gegen Bayern. Zwei Minuten nach dem Anspiel fährt ein Zug vorbei und pfeift. Die Bayern denken, der Schiedsrichter hätte das Spiel abgepfiffen, und gehen nach Hause. 30 Minuten später schießt Schalke das erste Tor.

Jérôme Boateng:
„Das ist doch Schnee von morgen.“

Was ist die kleinste Brauerei Deutschlands?
Das Nationalteam, die haben elf Flaschen.

An der Kasse des Fußballstadions erkundigt sich ein Schotte nach den Preisen: „Wie viel kostet denn ein Sitzplatz?“ „20 Euro.“ „Wäre ein Stehplatz sehr viel günstiger?“ „Der kostet zehn Euro.“ „Perfekt, dann stehe ich die 90 Minuten auf einem Bein und nehme eine Karte für fünf Euro!“

Ein Profifußballer steht im Himmel vor Petrus. Der fragt ganz erstaunt: „Sie hier? Wie haben Sie denn das Tor gefunden?!“

Müller geht über den Fußballplatz und schaut angestrengt auf den Boden. „Suchen Sie etwas?“, fragt ihn der Platzwart. „Ja, ich habe gehört, hier soll gestern ein Spiel verloren worden sein.“

„Fußball ist wie Schach ohne Würfel.“
Lukas Podolski

„Ich denke nicht vor dem Tor.
Das mache ich nie.“
Lukas Podolski

„Sie arbeiten doch an der Stadionkasse. Da können Sie mir doch sicherlich ein paar Freikarten besorgen?“
„Ganz gewiss. Aber Sie sind doch bei der Sparkasse. Könnten Sie mir nicht ein paar gebrauchte Geldscheine besorgen?“

„Ich hab mir vor einer Woche ein Schloss gekauft!“, erzählt ein Fußballprofi dem anderen. „Mann, echt jetzt?“, staunt dieser. „Wo denn?“ „In einer Eisenwarenhandlung.“

Paul kommt völlig verdreckt vom Fußballspiel nach Hause. Wortlos deutet seine Mutter auf die Badezimmertür. „Das ist doch überflüssig, Mami!“, sagt Paul bockig. „Wir haben doch schon übermorgen das Rückspiel.“

Per Mertesacker hat sich für seinen Kumpel Andreas Beck ein tolles Geburtstagsgeschenk ausgedacht: Silvesterknaller! Nachdem er sie überreicht hat, läuft Beck gleich raus, um sie auszuprobieren. Schon nach einer Minute ist er wieder zurück und sagt total enttäuscht: „Die funktionieren ja gar nicht!" Mertesacker kann das kaum glauben: „Das verstehe ich jetzt aber nicht, ich habe sie doch vorhin extra ausprobiert ..."

„Wer von euch kann mir ein Element nennen?", will der Chemielehrer wissen. „Fußball!", tönt es aus der letzten Reihe. Der Lehrer verblüfft: „Aber das ist doch kein Element!" Der Schüler wieder: „Aber wenn mein Vater im Fernsehen Fußball schaut, sagt meine Mutter immer: ‚Jetzt ist er wieder in seinem Element'!"

Mit traurigem Gesicht kommt der 16-jährige Tom vom Fußballspielen nach Hause. „Was ist los“, fragt sein Vater, „habt ihr verloren?“ „Nein“, sagt der Sohn, „aber ich soll in einer anderen Mannschaft spielen.“ „Dann haben sie dich also verkauft?“ „Nein, viel schlimmer – verschenkt!“

Joachim Löw lässt seinen Wagen in die Autowerkstatt schleppen. „Er springt mal wieder nicht an“, sagt er verzweifelt. „Aber an den Zündkerzen kann es diesmal nicht liegen, die habe ich gestern rausgenommen. Die sind noch einwandfrei, sehen Sie, hier!“

„Es überwiegt eigentlich beides.“ Lukas Podolski auf die Frage, ob er sich mehr über sein Tor freue oder über das Unentschieden ärgere.

Die Nationalelf absolviert einen Erste-Hilfe-Kurs. Der Kursleiter fragt: „Weshalb trägt der Chirurg bei der Operation eine Maske?“
Manuel Neuer weiß es: „Damit der Patient nicht sieht, wer’s gewesen ist, wenn etwas schiefgeht.“

Zwei Fußballfans treffen sich. „Du“, sagt der eine, „meine Frau will sich von mir scheiden lassen, wenn ich weiter jedes Wochenende auf den Fußballplatz gehe.“ „Das ist aber sehr unangenehm“, meint der andere. „Ja, allerdings, sie wird mir sehr fehlen!“

Philipp Lahm macht seine erste Kreuzfahrt. Der Steward erkundigt sich: „Sind Sie zufrieden?“ „Es ist alles fantastisch“, schwärmt Lahm und zeigt auf das Bullauge, „vor allem der Wandschrank, was da alles reingeht!“

Während einer Medizin-Vorlesung an der Uni fragt der Professor seine Studenten: „Was für eine Diagnose stelle ich, wenn ich jemanden vor mir habe, der aufspringt, ständig wild hin und her läuft, aus voller Lunge schreit, sich wieder hinsetzt und gleichzeitig wie verrückt auf seinem Stuhl wippt?“ Ein Student meldet sich: „Das ist doch keine Krankheit! Was Sie da beschreiben, das ist ein Fußballtrainer!“

„Schiedsrichter kommt für mich nicht infrage, schon eher etwas, was mit Fußball zu tun hat.“
Lothar Matthäus

„Sie haben das Stoppzeichen überfahren!“, hält der Polizist dem Fußballstar vor.
„Das kann nicht sein“, antwortet der, „da steht es doch noch.“

„Ich habe schon eine Lederhose, aber die hat mir nicht der FC Bayern geschenkt."
Manuel Neuer nach seinem Wechsel zum deutschen Rekordmeister

Das Nachwuchstalent kommt zu spät zum Training. Auf dem Weg zum Platz läuft er dem Manager über den Weg. „Eine Viertelstunde zu spät!“, meint der streng.
„Ja, ich auch!“, erwidert der Fußballer.

„Nun, wie war das Spiel?“
„Keine Ahnung, das Stadion war ausverkauft und ich habe nichts gesehen.“
„Aber Sie sind doch fast zwei Meter groß?“
„Ja, schon, aber ich stand verkehrtherum und konnte mich in dem Gedränge nicht umdrehen.“

Lukas Podolski bekommt ein 30-Teile-Puzzle, das er nach vier Monaten fertig hat. Stolz erzählt er das seinem Freund Bastian Schweinsteiger. Der wundert sich: „Und das findest du gut?“
Darauf Podolski: „Klar, auf der Packung stand doch ‚Ab 2 bis 3 Jahren‘.“

Warum ist das Fußballspiel zwischen Polen und Griechenland schnell beendet?
Die Polen klauen den Ball und die Griechen haben kein Geld für einen neuen.

Ein Fernsehreporter startet eine Umfrage unter Fußballspielern: „Was empfinden Sie eigentlich, wenn Ihre Mannschaft gewinnt?“ Der Mittelstürmer antwortet: „Das kann ich Ihnen nicht sagen, ich bin doch erst in der vierten Saison dabei ...“

„Paul, wo hast du so traumhaft küssen gelernt?“
„In meinem Sportverein, ich blase dort schon seit drei Jahren die Bälle auf!“

Der Fußballer hat miserabel gespielt, schiebt aber die ganze Schuld auf den Schiedsrichter. In der Kabine meint er zu seinem Trainer: „Dem Kerl trete ich in den Hintern!“ Sein Trainer erwidert: „Lass das mal lieber, den triffst du sowieso nicht!“

David Beckhams Sohn fragt seinen berühmten Vater: „Du, Dad, sind das Nelken oder Chrysanthemen?"
„Das sind Chrysanthemen, mein Junge!"
„Und wie schreibt man das?"
„Ich glaube, ich habe mich geirrt. Es sind doch Nelken."

Fragt ein Trainer seine Mannschaft: „Welche Muskeln werden aktiviert, wenn ich ein Tor schieße?"
Für seine Mannschaft ist der Fall klar:
„Die Lachmuskeln natürlich!"

„Es ist wichtig, dass man 90 Minuten mit voller Konzentration an das nächste Spiel denkt."
Lothar Matthäus

Kurz vor dem Heimspiel des HSV gegen Werder Bremen läuft ein Werder-Fan hilflos durch den Hamburger Hauptbahnhof. Schließlich fasst er sich ein Herz und fragt einen Passanten: „Verzeihen Sie, wie komme ich zum HSV?“ Der hilfsbereite Hamburger überlegt kurz und sagt dann: „Trainieren. Sehr viel und hart trainieren!“

Vater und Sohn kommen vom Fußballspiel nach Hause. Fragt die Mutter: „Nun? Wie war es denn?“
„Ganz toll“, antwortet der Kleine begeistert, „es gab sieben Gelbe und vier Rote Karten, einen Nasenbeinbruch, zwölf verhaftete Zuschauer und zum Schluss hat man auch noch den Schiedsrichter verprügelt!“

„Der Heiko Westermann hat mir vor dem Spiel gesagt, dass er ein Tor machen wird. Dass er das bei mir versuchen wird, hat er nicht dazu gesagt.“ Manuel Neuer

Heynckes, Kohfeldt und Löw haben einen guten Draht zum lieben Gott. Jeder von ihnen darf ihm deshalb eine Frage stellen. Heynckes überlegt nicht lange und fragt: „Lieber Gott, sag mir, wann wird Bayern die UEFA Champions League gewinnen?“ Gott antwortet: „In 30 Jahren!“ Heynckes hört das nicht gerne, da er dann natürlich nicht mehr Bayern-Trainer sein wird.
Jetzt ist Kohfeldt an der Reihe: „Wann wird Bremen deutscher Meister?“ Gott seufzt und sagt: „In 50 Jahren.“
Kohfeldt ebenso enttäuscht wie Heynckes: „Dann bin ich nicht mehr im Amt!“
Schließlich darf Löw noch eine Frage stellen: „Lieber Gott, wann wird Deutschland mal wieder Fußballweltmeister?“
Gott gibt zu: „Dann werde ich nicht mehr im Amt sein ...“

„Es ist einfacher, Tore zu schießen, als den deutschen Führerschein zu machen.“
Aìlton

„Ach, ich liebe sportliche Frauen“, sagt der Scheich. „Erst kürzlich habe ich eine Damen-Fußballmannschaft geheiratet.“

Benedikt Höwedes kommt mit einem dicken Verband an der rechten Hand zum Training. „Was ist passiert?“, will Holger Badstuber wissen.
„Ich wollte eine Fliege mit der Hand an der Wand erschlagen!“ – „Na und?“
„Es war keine Fliege, es war ein Nagel …“

Timo Werner beim Arzt. Der Doktor schaut ihm ins Ohr und sagt: „Könnten Sie sich bitte das andere Ohr zuhalten, die Sonne blendet!“

Sagt der Sohn von Miroslav Klose zu seinem Papa: „Papa, da an der Tür steht jemand und sammelt für das neue Hallenbad.“
Miroslav antwortet: „Okay, gib ihm drei Eimer Wasser!“

Der Bus von Bayern München ist unterwegs zum Auswärtsspiel. Plötzlich taucht eine Unterführung vor ihnen auf. Der Busfahrer bremst stark ab und hält an. „So was Dummes. Nur 3,10 Meter Durchfahrtshöhe!“
Sagt Thomas Müller: „Na und, fahr doch, oder siehst du etwa die Polizei?“

„Wenn ich nach Hause komme, ist meine Frau auch enttäuscht.“
Ehemaliger Wolfsburg Sportchef Klaus Allofs

Drei Babys kommen in den Himmel. Gott sagt: „Ihr könnt wieder nach unten, ich hab's mir anders überlegt! Aber bevor ihr von der Wolke springt, müsst ihr laut euren Berufswunsch rufen!" Das erste Baby springt und schreit: „Lehrer!" 25 Jahre später ist er ein perfekter Lehrer. Das zweite Baby springt und schreit: „Gehirnchirurg!" 25 Jahre später ist er ein ausgebildeter Gehirnchirurg. Das dritte Baby springt, rutscht aus und schreit: „Scheißdreck!" 25 Jahre später ist er Spieler des FC Bayern München.

Wie hoch ist der Marktwert der deutschen Fußballnationalmannschaft? – Knapp drei Euro: elf Mal Flaschenpfand!

**Das Nachwuchstalent zum Manager: „Wie hoch wird denn mein Gehalt sein?“
„Zunächst einmal 10.000 Euro netto monatlich, später dann mehr.“
„Okay, dann komme ich später wieder!“**

„Ich bin immer noch am Überlegen, welche Sportart meine Mannschaft an diesem Abend ausgeübt hat. Fußball war’s mit Sicherheit nicht.“
Franz Beckenbauer

Der Trainer zu Miroslav Klose vor der Partie FC Bayern München gegen den 1. FC Köln: „Du deckst den Podolski, so eng du nur kannst!“ Darauf erwidert Klose: „Den Podolski? Ich will nicht, ich hab Angst! Der tritt doch auf alles, was sich bewegt!“ Trainer: „Dann besteht doch für dich keine Gefahr ...“

„Die Dreifachbelastung kann er nicht mehr schaffen – er ist ja jetzt verheiratet.“
Uwe Seeler zur Hochzeit von Bastian Schweinsteiger

Günther schaut sich im Fernsehen ein Fußballspiel an. Er regt sich sehr auf und brüllt: „Der Schiedsrichter ist ja blind!“ Seine Frau sieht ihn verständnislos an und fragt: „Und warum trägt dann der Neuer die Armbinde?“

„Stimmt es, dass Ihr Mann aus dem Fußballverein hinausgeworfen wurde?“
„Ausgeschlossen!“
„Ist da ein Unterschied?“

Joachim Löw ist Bundestrainer geworden. Seine erste Ansprache lautet: „Wir müssen bei null anfangen. Also, das da ist der Ball!“ Er legt den Ball beiseite, als Schweinsteiger nachfragt: „Kann ich den noch mal sehen?“

Robert Lewandowski wird gefragt: „Wissen Sie eigentlich, dass Sie viel mehr verdienen als Angela Merkel?“
Seine Antwort: „Das mag schon sein, aber haben Sie Angela Merkel mal Fußball spielen sehen?“

Der Lehrer erwischt Leo, als er gerade im Fußballstadion verschwinden will. „Du konntest nicht in die Schule, weil du angeblich deinen Onkel im Krankenhaus besuchen musstest, und nun treffe ich dich hier."
„Ich muss schon noch ins Krankenhaus. Mein Onkel ist nämlich heute der Schiedsrichter."

Mesut Özil kommt zu spät zum Training. Er entschuldigt sich beim Trainer und meint: „Sorry, aber ich habe zu stark auf meine Zahnpastatube gedrückt. Und danach habe ich über eine Stunde gebraucht, um die Pasta wieder in die Tube zurückzubekommen."

„Es ist schon verrückt, was der Fußball aus mir macht!"
Oliver Kahn

Wer ist der Angstgegner der deutschen Nationalmannschaft?
Der Ball.

„Sie haben in diesem Jahr noch kein Spiel verloren. Woran liegt das?“, wird der Fußballtrainer von einem Reporter gefragt.
„Weiß ich auch nicht. Und dabei habe ich vor jedem Spiel mit dem Schiedsrichter um 5000 Euro gewettet, dass wir diesmal verlieren werden.“

Jesus wandert und trifft einen Mann, der weinend am Straßenrand kniet. „Warum weinst du?“, fragt er.
„Meine Frau hat mich verlassen und ich bin einsam.“
Jesus: „Steh auf und geh. Solche Dinge können passieren.“
Ein Stückchen weiter trifft Jesus erneut einen Mann, der weinend am Straßenrand kniet. „Warum weinst du?“
„Ich habe so hohe Schulden, dass ich mein Haus und meinen ganzen Besitz verloren habe.“
Jesus: „Steh auf und geh. Du hast nur deinen weltlichen Besitz verloren.“
Ein paar Meter weiter kniet wieder ein Mann weinend am Straßenrand. „Warum weinst du?“
„Ich bin Fan vom VfB Stuttgart.“
Da schaut Jesus ihn einen Augenblick lang an, kniet neben ihm nieder und weint gemeinsam mit ihm.

Ein Fußballjournalist wird gefragt, was ihm an seinem Beruf besonders gut gefalle. Er überlegt kurz und antwortet dann: „Man sagt freitags voraus, welche Mannschaft am Samstag gewinnen wird, um sonntags zu erklären, warum sie verloren hat!“

Frau Meier: „Du mit deinem blöden Fußball! Ich möchte heute Abend ‚Verstehen Sie Spaß' im Fernsehen anschauen!“ Ihr Mann erwidert: „Das gab es doch schon mal!“ „Deutschland gegen Frankreich auch!“

„Ich bin nicht die geborene Torfabrik.“
Philipp Lahm

Drei berühmte Fußballer fliegen gemeinsam in die USA: Jürgen Klinsmann, Rudi Völler und Lothar Matthäus. Der Zollbeamte in New York lässt die drei nicht so einfach passieren und fragt alle drei der Reihe nach: „Where are you from?“ Klinsmann gibt bereitwillig Auskunft und sagt: „I am from Germany!“ Völler stimmt ein: „I am from Germany, too!“ Als Letzter antwortet Matthäus und sagt: „I am from Germany, three!“

Manuel Neuer kommt nach seinem Tod zu Petrus in den Himmel. An der Wand hängen 17 Uhren. Fragt Manuel: „Sag mal, Petrus, warum hast du denn so viele Uhren in deinem Zimmer hängen?“
Antwortet Petrus: „Tja, Manuel, jede Uhr steht für einen Bundesligaclub und wird bei einer Niederlage um eine Stunde zurückgestellt.“
Meint Manuel: „Ja, aber dann fehlt ja eine Uhr!“
Sagt Petrus: „Sehr gut erkannt, Manuel, das ist die vom VfL Wolfsburg. Die hängt im Vorzimmer und wir benutzen sie als Ventilator!“

Ein Fußballspieler hat ein krummes Ding gedreht und steht deshalb vor Gericht. Der Richter verkündet das Urteil: „Fünf Jahre!“ „Manno-mann“, sagt der Spieler mit einem Seufzen, „von so einem Vertrag habe ich bisher immer nur geträumt.“

„Es war sehr schmerzvoll, aber ich hab kaum etwas gespürt.“
Miroslav Klose

Voller Neid schaut eine winzige Spinne in der Halbzeit auf das Netz des Tores: „Hier müssen aber besonders große Spinnen am Werk gewesen sein …“

Der Trainer eines großen Fußballvereins gibt eine Pressekonferenz. Ein Reporter stellt ihm eine Frage: „Wie sieht Ihrer Meinung nach die Zukunft Ihres Topstürmers aus?“ Der Trainer antwortet: „Also, für fünf Millionen Euro kann er eigentlich gehen! Haben Sie noch weitere Fragen?“ „Wie viele Millionen müssen Sie bieten, damit er anfängt zu laufen?“

Paul erzählt seinem Freund vom wichtigen Bundesligaspiel: „Während des Spiels hat der Schiedsrichter genau drei Mal richtig gepfiffen: den Anstoß, die Halbzeit und den Schluss.“

Was ist eine Notbremse beim Fußball?

Häufig kannst du bei Fußballspielen hören, dass Reporter, Spieler oder Zuschauer bei bestimmten Fouls von einer „Notbremse“ sprechen. Eine Notbremse kennst du bestimmt aus Eisenbahnzügen. Wenn Gefahr droht – also Not herrscht –, kann man daran ziehen, um den Zug sofort zu stoppen. Fußballspieler laufen natürlich nicht mit einer Notbremse in der Hand über den Platz. Trotzdem befinden sie sich manchmal in Not. Nämlich dann, wenn ein gegnerischer Angreifer schneller ist als sie und mit dem Ball auf ihr Tor zuläuft. Wenn er dem Tor schon sehr nahe ist, kann daraus leicht ein Treffer entstehen. Um ein Gegentor zu verhindern, sehen Abwehrspieler manchmal keine andere Möglichkeit, als den Angreifer zu foulen. Sie ziehen also sozusagen die Notbremse, um die Gefahr eines Gegentores zu verhindern. Übrigens: Wenn durch die Notbremse tatsächlich eine klare Torchance verhindert wird, wird der Verteidiger mit der Roten Karte des Feldes verwiesen.

Was ist eine Schwalbe?

Manche Fußballspieler wollen unbedingt, dass der Schiedsrichter einen Freistoß oder Elfmeter für sie pfeift. Schließlich ist das eine gute Möglichkeit, ein Tor zu schießen. Doch der Schiedsrichter macht das nur, wenn der gegnerische Spieler gefoult hat oder sich unsportlich verhält. Wenn das nicht passiert, versuchen manche Spieler, den Schiedsrichter (und auch alle anderen im Stadion) zu täuschen und reinzulegen. Sie tun so, als ob sie gefoult worden wären und stürzen dann ganz von allein zu Boden. Wenn sie dabei besonders geschickt sind, fällt der Schiedsrichter leider tatsächlich manchmal darauf rein. Wenn die Spieler umfallen, sieht das hin und wieder so aus, als ob sie fliegen würden oder es zumindest versuchen wollten. Deshalb nennen Fußballreporter solche unsportlichen Versuche „Schwalbe". Übrigens: Wenn der Schiedsrichter erkennt, dass ein Spieler ihn zu täuschen versucht, dann bekommt dieser Spieler die Gelbe Karte und die andere Mannschaft einen Freistoß.

„Sie glauben doch nicht, wenn ich neun Punkte hole, dass ich in Darmstadt bleibe. Dann unterschreibe ich in Las Vegas als Magier."

Darmstadts Interimstrainer
Ramon Berndroth

Bastian Schweinsteiger kauft im Blumenladen ein. Er sieht sich einen Moment lang um und entscheidet sich für Rosen: „Ich hätte gerne zehn rote Rosen." Die Verkäuferin fragt ihn: „Lange?" Schweinsteiger ist verwirrt: „Also, wenn Sie so fragen: Kurz reicht eigentlich auch. Meine Frau fährt morgen in den Urlaub, dann kann ich die Rosen gleich wieder zurückbringen ..."

Boateng beklagt sich bei Draxler: „Ich kann mich vor Bauchschmerzen kaum noch auf den Füßen halten."
„Das kommt davon, dass dein Bauch leer ist. Du musst mal was essen, Mensch."
„Aha, darum hat der Mario Götze auch immer diese Kopfschmerzen ..."

Ein Fußballer hat sich beim Spiel den Arm gebrochen. Besorgt fragt er den Arzt: „Kann ich den Arm später wieder richtig bewegen?"
„Sie können sogar Klavier spielen!"
„Das ist ja toll! Bisher konnte ich das nämlich gar nicht!"

„Wenn der Ball am Torwart vorbeigeht, ist es meist ein Tor."
Mario Basler

Susi zu ihrer Freundin: „Du bist im Hausflur gestürzt und dein Mann hat sich gar nicht um dich gekümmert?“
„Stimmt. Aber du weißt doch, er ist Schiedsrichter und meinte, das sei eine Schwalbe gewesen!“

Albert hat nur Augen für seine Fußballübertragung im Fernsehen. Giftet seine Frau: „Liebling, ich steige jetzt auf die Leiter, um die Decke zu streichen. Falls ich herunterfalle – könntest du dann in der Halbzeitpause den Krankenwagen rufen?“

Khedira und Hummels machen eine Radtour mit dem Tandem. Mit Müh und Not bewältigen sie einen steilen Hügel. Oben angekommen sind beide vollkommen aus der Puste. Meint Khedira zu Hummels: „Unglaublich, dass wir es geschafft haben!“
„Ja, ich hatte da auch so meine Zweifel. Nur gut, dass ich die ganze Zeit gebremst habe, sonst wären wir immer wieder rückwärts gerollt!“

Philipp Lahm nimmt nach seiner Fußballkarriere einen Job in einer Bäckerei an.
Am zweiten Tag fragt ihn der Chef: „Und, hast du die Schrift auf dem Schokoladenkuchen schon fertig?“ – „Nein, das dumme Ding passt einfach nicht in die Schreibmaschine!“

„Wir sind noch einmal von der Klippe gesprungen.“
Matthias Ginter zum 3:3 gegen Südkorea bei Olympia

Ein kleiner Junge verfolgt gemeinsam mit seinem Vater aufmerksam ein Fußballspiel. Als die Spieler zur Halbzeit in die Kabinen gehen, fragt der Junge seinen Vater: „Papa, wenn sie jetzt ausgeschlafen haben, können die Spieler in der Pause doch frühstücken, oder?"

Die Frauenbeauftragte des Deutschen Bundestages schickt ein Rundschreiben an alle Vereine der Fußballbundesliga mit der Bitte, das heimische Stadion doch endlich mal nach einer Frau zu benennen. Der einzige Verein, der sich meldet, ist der VfB Stuttgart. Der Stuttgarter Präsident teilt der Dame am Telefon stolz mit, dass er sich entschlossen habe, ihrem Wunsch nachzukommen. Hocherfreut fragt sie: „Wie soll denn Ihr Stadion jetzt heißen?" „Dem-Gottlieb-Daimler-seine-Frau-Stadion!"

Unterhalten sich zwei Fußballfans.
Sagt der eine: „Euer Verein soll einen neuen Trainer bekommen.“
Der andere: „So, wen denn?“
Antwortet der erste: „Reinhold Messner, er soll schon mal alles für den Abstieg vorbereiten!“

„Eigentlich wollte ich am Samstagnachmittag zum Pokalspiel fahren. Aber bis man da einen Parkplatz findet und sich durch die Menschenmassen gequält hat ...“
„Ich verstehe. Meine Frau wollte auch, dass ich zu Hause bleibe ...“

„Wir hatten einen Plan. Er hat nur einfach nicht funktioniert.“
Julian Brandt

„Hast du gehört? René Adler hat sich neue Schuhe anfertigen lassen – mit den Absätzen vorn!“
„Wieso das?“
„Er möchte endlich wieder das Gefühl haben, dass es mit dem 1. FSV Mainz 05 aufwärts geht.“

„Es liegt nur an uns, ob wir Meister werden. Der Rathaus-Balkon ist eh jedes Jahr reserviert.“
Bastian Schweinsteiger

Franz Beckenbauer liest Zeitung. „Stell dir vor“, sagt er zu seiner Frau, „da hat ein Rubens für zwölf Millionen und ein van Gogh für neun Millionen seinen Besitzer gewechselt!“
Meint seine Frau: „Diese Bundesligavereine machen sich doch selbst kaputt!“

Nach dem Training will ein Fußballprofi seinen bestellten Ferrari vom Händler abholen und auch gleich bar bezahlen. Er prüft noch einmal das Geld in seiner Brieftasche und stellt fest, dass er 300 Euro zu wenig eingesteckt hat. Er tippt seinen Kollegen an: „Du, leih mir mal 300 Euro. Ich will mir einen Ferrari kaufen."
„Kein Problem", sagt dieser und gibt ihm 600 Euro, „bring mir auch gleich einen mit."

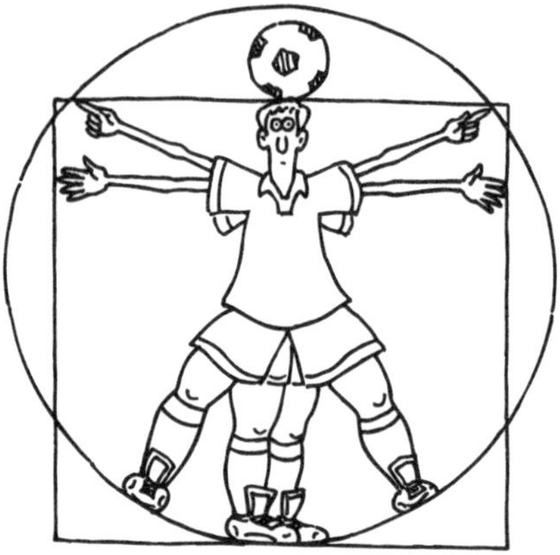

Große Tombola bei Bayern München. Hauptpreis ist ein Opel. Sagt Frau Neuer zu ihrem Mann: „Ich habe zwei Lose genommen."
„Typisch!", schimpft er. „Was nimmst du zwei Lose, wenn du weißt, dass es nur einen Hauptpreis gibt?!"

Ein Fußballfan wird beerdigt. Die Trauernden bringen Blumen ans Grab. Sein bester Freund hingegen legt einen Fußball auf den Sarg.
Darauf der Pfarrer: „Mein Sohn, glaubst du wirklich, dass er mit dem Ball noch spielt?"
„Herr Pfarrer, glauben Sie wirklich, dass er die Blumen noch in eine Vase stellt?"

„Der Trainer sagt, ich sei sein bestes Pferd im Stall."
„Wieso?"
„Ich mache den meisten Mist!"

„Zeigen Sie mal Ihren Pass“, fordert der Zollbeamte Miroslav Klose bei der Einreise nach New York auf. „Gern, haben Sie einen Ball da?“

„Bei uns wird auf dem Platz zu wenig gesprochen. Das könnte an der Kommunikation liegen.“
Erich Ribbeck

Toni Kroos bei der ärztlichen Vorsorgeuntersuchung.
„Trinken Sie?“, fragt ihn der Arzt.
„Gern, Herr Doktor, was können Sie mir denn anbieten?“
„Aber ich meine doch nicht hier!“
„Einverstanden, wo sollen wir denn hingehen?“

„Sind eigentlich alle Fußballspieler eingebildet?“, fragt ein Reporter einen bekannten Fußballspieler. „Allerdings, ich kenne mindestens zehn Spieler unserer Mannschaft, die sich einbilden, besser zu sein als ich.“

Himmel und Hölle wollen ein Fußballspiel veranstalten. „Wir haben alle guten Spieler!“, sagt Gott stolz. Daraufhin der Teufel: „Na und? Wir haben die Schiedsrichter!“

„Zu 50 Prozent haben wir es geschafft, aber die halbe Miete ist das noch nicht.“
Rudi Völler

Kommt ein Spieler zum Mannschaftsarzt. „Herr Doktor, Sie haben mir doch geraten, mit den Hühnern schlafen zu gehen." „Ja, und?" „Ich falle dauernd von der Stange ..."

Beim Fußballspielen haben die Jungen wieder die Zeit vergessen. Da sagt Max plötzlich: „Du, Florian, wir müssen nach Hause. Es ist schon acht vorbei. Sonst kriegen wir wieder Ärger!"
Aber Florian meint: „Komm, wir spielen noch eine halbe Stunde! Wenn wir dann erst nach Hause kommen, kriegen wir einen Kuss, weil uns nichts passiert ist ..."

Bestes Fußballwetter, strahlender Sonnenschein. Ein Zuschauer bemerkt begeistert: „Was für ein Kaiserwetter!" Da nickt ein anderer zustimmend und sagt: „Ja, ja, der Beckenbauer hat eben überall seine Finger im Spiel."

„Ich fliege irgendwo in den Süden – vielleicht nach Kanada oder so."
Mehmet Scholl

Willi ärgert sich derart über den Abstieg des VfB Stuttgart, dass er wütend in die Kneipe rennt und einen Schnaps nach dem anderen hinunterkippt. Dabei mault er wütend: „Unglaublich, was mich dieser Verein kostet!"

Lukas Podolski stürmt in die Drogerie: „Wer hat meiner Frau Alleskleber statt Zahnpasta verkauft?" Kleinlaut meldet sich der Lehrling. Lukas drückt ihm zehn Euro in die Hand und sagt: „Danke. Endlich ist mal Ruhe!"

„Ich rotiere höchstens, wenn ich
Opfer des Rotationsprinzips werde.“
Oliver Kahn

Allgemeinbildung bei der Nationalelf.
Fragt Löw seine Schützlinge: „Wer kennt einen bedeutenden deutschen Dichter?“
Meldet sich Boateng: „Nebel!“
Löw verwundert: „Wieso denn Nebel?“
Boateng: „Na, habe ich doch heute in der Zeitung gelesen: ‚Dichter Nebel in Deutschland‘!“

An der Stadionkasse.
„Zwei Karten, bitte!“
„Wir haben leider nur noch Stehplätze!“
„Gibt es denn wenigstens noch zwei nebeneinander?“

„Du kommst schon wieder zu spät zum Training!", brüllt der Trainer den Mannschaftsspieler an. „An deiner Stelle wäre ich überhaupt nicht mehr gekommen!" „Du vielleicht", meint der Sportler missbilligend, „aber unsereins hat eben Pflichtbewusstsein!"

Manuel Neuer kommt in ein Lokal. Der Kellner fragt ihn: „Möchten Sie dinieren?" Darauf Neuer: „Die Nieren können Sie behalten, bringen Sie mir bitte ein anständiges Rindersteak mit Champignons."

Fredi Bobic:
„Man darf nicht alles so schlechtreden, wie es war."

Die Straße ist der Fußballplatz, die Tore sind mit leeren Konservendosen markiert und die Mannschaften sind je sechs kleine Jungs.
Ein Junge tut sich besonders hervor.
Ein älterer Herr, der das Ganze eine Zeit lang beobachtet hat, geht auf ihn zu und bietet ihm Bonbons oder einen Euro an.
„Sagen wir Bonbons“, erwidert der junge Held. „Vorläufig will ich noch kein Profi werden.“

Boateng sitzt am Bett seiner Tochter und liest ein Märchen vor. „Du, Papi“, unterbricht ihn das Mädchen, „könntest du bitte etwas leiser lesen? Ich kann sonst nicht einschlafen.“

„Es macht Spaß, uns zuzuschauen, auch wenn ich selbst nicht zugeschaut habe.“ Thomas Müller

Carmen kommt total verdreckt von einem Fußballturnier nach Hause. Ruft die Mutter entsetzt: „Carmen, du solltest doch die weiße Hose anziehen!“ „Mama, das ist doch die weiße.“

Was bedeutet das Wort Team für eine Fußballmannschaft?
*T*oll, *E*in *A*nderer *M*acht's!

Eine Frau kommt ins Sportgeschäft und sagt: „Guten Tag. Ich hätte gern ein Fußballtrikot für meinen Mann.“
Da antwortet ihr die Verkäuferin: „Tut mir leid. Tauschgeschäfte machen wir nicht.“

„Warum machen Sie denn jetzt schon das Flutlicht an?"
„Weil keiner der Spieler eine richtige Leuchte ist!"

Ein Mann sitzt im Fußballstadion und spricht ständig mit sich selbst. Der Nachbar kann es bald nicht mehr ertragen und fragt ihn entnervt: „Warum sagen Sie denn dauernd: ‚20.000 Zuschauer, 22 Spieler, drei Schiedsrichter und zwei Trainer'?"
„Es sind so viele Leute hier im Stadion und der Vogel hat ausgerechnet mir auf den Kopf gemacht!"

Was ist der Unterschied zwischen England und einer Möwe?
Eine Möwe hat zwei anständige Flügel.

„Ich glaube nicht, dass wir das Spiel verloren hätten, wenn es 1:1 ausgegangen wäre.“ Uli Hoeneß

„Na, Sven, wie geht's denn in der Schule voran?“, fragt der Fußballtrainer seinen Sohn. „Alles klar!“, antwortet Sven. „Im Fußball bin ich Stürmer, in Deutsch im Mittelfeld und in den anderen Fächern mehr bei der Abwehr!“

Mario Götze: „Ich hatte gerade eine gute Idee, wie wir das Team stärken.“ Darauf der Manager: „Wunderbar! Wann verlässt du uns?“

Warum flog Aschenputtel
aus der Fußballmannschaft?
Sie lief dauernd vom Ball weg …

Sitzen zwei Werder-Bremen-Fans sich im Zug auf dem Weg ins Stadion gegenüber. Sie kommen miteinander ins Gespräch. Schließlich fragt der eine: „Waren Sie eigentlich schon mal in Japan?“ „Nein, noch nie“, antwortet der andere. Sagt der Erste: „Dann müssen Sie doch meinen Sohn kennen! Der war auch noch nie in Japan.“

Wie viele Fans des TSV 1860 München braucht es, um eine Glühbirne zu wechseln?
Keinen. Sie sind völlig zufrieden damit, im Schatten des FC Bayern zu leben.

Warum sagte der Fußball „Auuuuaaaa“? Weil ihn ein Mann getreten hat.

Wie nennt man einen Engländer beim Finale der Weltmeisterschaft? Einen Schiedsrichter.

Die Ehefrau tobt: „Für nichts anderes hast du Gedanken als für Fußball. Das ist ja nicht auszuhalten. Ganz bestimmt weißt du nicht einmal mehr, wann wir geheiratet haben!“ „So, da irrst du dich aber gewaltig. Das war genau der Tag, als Fortuna Düsseldorf gegen den MSV Duisburg unentschieden spielte und abgestiegen ist.“

Die deutsche Fußballnationalelf befindet sich im Trainingslager. Philipp Lahm geht zum Mannschaftsarzt. Der fragt ihn, was denn sein Problem sei, und Lahm erklärt: „Herr Doktor, Sie hatten mir doch diese Kraftnahrung verschrieben …“ „Ja, was stimmt denn damit nicht?“, fragt der Arzt. Lahm schluckt und sagt: „Ich bekomme die Packung gar nicht erst auf!“

„Wenn ich denke, dass der Torwart denkt, und der Torwart denkt, dass ich denke, dann kann ich auch einfach schießen; es macht keinen Unterschied.“
Arjen Robben

Was ist der Unterschied zwischen dem Unsichtbaren und den Niederlanden? Man hat größere Chancen, den Unsichtbaren bei dem Finale der Weltmeisterschaft zu sehen.

Der neue Manager eines angeschlagenen Fußballteams ist sehr streng und erlaubt keinen Unsinn. Am vorigen Samstag erwischte er zwei Fans dabei, wie sie über den Zaun des Stadions kletterten. Zornig packte er sie und sagte: „Geht sofort wieder rein und schaut euch gefälligst das Spiel an, bis es vorbei ist!"

„Ich hasse es, wenn die Leute Lionel Messi mit Jesus vergleichen. Ich meine er ist gut und so weiter. Aber er ist nicht Messi."

„Was meine Frisur betrifft, da bin ich Realist.“
Rudi Völler

Zwei Fußballfans unterhalten sich: „Meine Freundin hat mit mir Schluss gemacht. Sie denkt, ich sei besessen von Fußball.“
„Das tut mir leid für dich.“
„Ja, ich bin deshalb ein wenig niedergeschlagen. Wir waren drei Saisons zusammen.“

Warum sind Fußballspieler so gut in Mathe?
Sie wissen, wie man den Kopf benutzt.

Der Trainer des FC Bayern München besucht den Trainer von Hertha BSC Berlin und fragt ihn: „Sind deine Spieler wirklich alle so klug, wie man sagt?“ Pál Dárdai ruft Mathew Leckie zu sich und fragt ihn: „Wer ist das Kind deiner Eltern, wenn es nicht dein Bruder und auch nicht deine Schwester ist?“ Leckie zögert keine Sekunde und antwortet: „Ich!“ Das ist logischerweise die richtige Antwort. Jupp Heynckes ist beeindruckt. Beim nächsten Training der Bayern bittet er Manuel Neuer zu sich und fragt ihn: „Wer ist das Kind deiner Eltern, wenn es nicht dein Bruder und auch nicht deine Schwester ist?“ Neuer bittet um einen Tag Bedenkzeit. Am selben Abend fragt Neuer seinen Kollegen Mats Hummels um Rat. Dessen Antwort lautet: „Ich!“ Neuer merkt sich die Antwort und sagt einen Tag später zu seinem Trainer: „Die richtige Antwort lautet: Mats Hummels!“
Daraufhin entgegnet der: „Nein, das ist falsch! Die richtige Antwort lautet: Mathew Leckie.“

„Die meiste Luft hat der Ball.“
Philipp Lahm zu den extremen Temperaturen vor einem Länderspiel

„Das war so, als ob ein Kind auf die heiße Herdplatte fasst und sich dabei die Finger verbrennt."
Löw zum verlorenen EM-Halbfinale gegen Italien

Während des Fußballspiels geht ein Mann durch die Reihen und ruft: „Heiße Würstchen, heiße Würstchen!" Daraufhin ein Fan: „Wen interessiert, wie du heißt? Hast du Bier?"

Was macht ein Holländer, nachdem er die WM gewonnen hat?
Er schaltet erst einmal die Playstation aus!

Warum fällt ständig das Tor um, wenn Tim Wiese sich dagegen lehnt?
Der Klügere gibt nach!

Ein junger, frisch verheirateter Fußballprofi ist in einer schrecklichen Verfassung und bittet seinen Vereinsmanager um eine Gehaltserhöhung: „Es tut mir leid, aber meine Frau leidet an einer schlimmen Krankheit, der man nur mit teuren Mitteln entgegenwirken kann.“ Der Vereinsmanager ist entsetzt, er traut sich kaum zu fragen: „Woran leidet sie denn?“ „An der Stoffwechselkrankheit – meine Frau braucht jede Woche ein neues Kleidungsstück!“

Es regnet in Strömen. Der Fußballplatz ist total überschwemmt. Trotzdem soll das Spiel stattfinden. Vor dem Anpfiff fragt der Kapitän seine Mannschaft: „Sollen wir erst mit der Strömung spielen oder dagegen?“

Zwei Jungen spielen Fußball im Park. Plötzlich wird der eine von einem Rottweiler angegriffen. Der zweite Junge reagiert schnell und bricht dem Hund mit einem herumliegenden Holzpfahl das Genick.
Ein Reporter hat die ganze Szene aus der Entfernung beobachtet. Er stürzt herbei, stellt sich vor und holt seinen Block und Stift hervor.
Er schreibt: „Eintracht-Frankfurt-Fan rettet seinen Freund vor gefährlichem Tier."
Der Junge unterbricht: „Aber ich bin kein Eintracht-Fan."
Der Reporter ungeduldig: „Wen unterstützt du dann?"
„FC Fortuna Offenbach", antwortet der Junge.
Die Schlagzeile am nächsten Tag: „Offenbacher Sadist tötet harmloses Haustier!"

Warum steht der Torwart barfuß im Tor?
Er hat seiner Frau versprochen, die Fußballschuhe an den Nagel zu hängen.

„Wenn ich übers Wasser laufe, dann sagen meine Kritiker, nicht mal schwimmen kann er."
Berti Vogts

Woran denken Männer beim Stichwort Romantik? An ein Fußballspiel bei Kerzenlicht.

René Adler zu Manuel Neuer: „Weißt du, was? Letzte Woche, als Stromausfall war, war ich drei Stunden lang im Aufzug eingesperrt." Darauf erwidert Neuer: „Ach, das ist doch noch gar nichts. Ich stand drei Stunden lang auf der Rolltreppe!"

Drei Fans unterhalten sich über den traurigen Zustand ihres lokalen Vereins.
Der erste Fan beschwert sich: „Ich geb dem Manager die Schuld. Wenn wir bessere Spieler unter Vertrag nehmen könnten, wären wir ein erfolgreicher Verein.“
Der zweite Fan darauf: „Ich geb den Spielern die Schuld. Wenn diese sich mehr Mühe geben würden, würden wir mehr Tore schießen.“
Der dritte Fan sagt: „Ich geb meinen Eltern die Schuld. Wenn ich in einer anderen Stadt geboren wäre, würde ich ein anständiges Team unterstützen.“

Piotr Trochowski besucht den FC Bayern München. Sagt Mario Gomez zu Miroslav Klose: „Du, Miro, wusstest du, dass der Piotr Trochowski total gut rechnen kann?“ Klose daraufhin: „Das musst du mir erst beweisen!“ Gomez: „Piotr, wie viel ist zwei plus zwei?“ Trochowski daraufhin: „Sechs.“ Klose: „Du hast tatsächlich recht, er hat sich nur um eins vertan!“

„Polnisch, deutsch, mit den Händen. Hauptsache, der Pass kommt und der Ball ist im Tor.“
Lukas Podolski

Nach einem heftigen Fußballspiel steht ein Fan wegen Körperverletzung und Ruhestörung vor Gericht.
Der Polizist, der ihn festgenommen hat, sagt aus, dass der Angeklagte etwas ins Wasser geworfen habe.
Richter: „Was genau hat der Angeklagte ins Wasser geworfen?“
Polizist: „Steine.“
Richter: „Also das ist ja kein Vergehen, oder?“
Polizist: „In diesem Fall schon. Karl Steine war der Schiedsrichter.“

Stefan schleppt einen riesigen Sack mit Holzscheiten zur Tür hinaus. „Aber Stefan, wohin willst du denn mit dem vielen Holz?“, fragt seine Mutter.
„Zum Fußballspiel!“
„Und wozu brauchst du da das Holz?“ Stefan verdreht die Augen.
„Na, ich will die Spieler doch anfeuern!“

Eine Woche vor dem Champions-League-Finale erscheint eine Anzeige in einer Lokalzeitung. Sie lautet: „Ortsansässiger Mann heiratet jede Frau, die Tickets für das Champions-League-Finale besitzt. Interessenten müssen ein Foto der Tickets schicken.“

**Nach der Pause sagt ein Fußballfan zum anderen: „Unsere Jungs sind ja noch langsamer als in der ersten Halbzeit!“
„Na, ist doch klar, der Trainer hat sie bestimmt zur Schnecke gemacht!“**

Zwei alte Männer stehen an dem Drehkreuz vor dem Stadion. Hinter ihnen bildet sich bereits eine Schlange. Der eine sucht wie wild nach seinem Ticket. Er schaut in seine Manteltaschen, in seine Westentaschen und in seine Hosentaschen, ohne Erfolg ...

„Moment mal ...," sagt der Pförtner. „Was ist das in Ihrem Mund?"

„Es ist das fehlende Ticket!"

Der Mann erhält Einlass. Auf dem Weg zu ihren Plätzen sagt sein Begleiter: „Mensch, Hans! Du wirst wohl langsam senil auf deine alten Tage. Hast dein Ticket im Mund und vergisst es vollkommen!"

„Ich bin doch nicht blöd", antwortet Hans.

„Ich hab das Datum von letzter Woche abgekaut."

Zwei Fans unterhalten sich vor dem Stadion.
Der erste: „Ich wünschte, ich hätte mein Klavier mit zum Stadion gebracht."
Der zweite: „Warum solltest du dein Klavier mit zu einem Fußballspiel nehmen?"
Darauf der erste: „Weil ich meine Eintrittskarten auf ihm liegen gelassen habe."

„Ich schlage vor, Sie halten sich jetzt die Augen zu. Ich sage nämlich jetzt die Bundesligaergebnisse."
Johannes B. Kerner

Trapattoni zu Beckenbauer: „Schau mal, Franz, da steht eine Woge."
„Das heißt Waage."
„Darf ich mal waagen?"
„Das heißt nicht waagen, das heißt wiegen."
„So, Franz, jetzt habe ich mich gewiegt."
„Das heißt nicht gewiegt, das heißt gewogen."
„Na also, Franz, dann ist es ja doch eine Woge."

Serdar Tasci durfte eine Probefahrt mit Mesut Özils neuem Auto machen. Als er zurückkommt, sagt er: „Hey du, ich habe eine gute, aber auch eine schlechte Nachricht für dich." Özil möchte zuerst die gute hören. „Dein Airbag hat wirklich gut funktioniert!"

„Das nächste Spiel ist immer das nächste."
Lothar Matthäus

Ein Ehepaar streitet sich lautstark, denn man ist mal wieder zu spät dran und das Spiel der Lieblingsmannschaft hat längst begonnen. Seit einer Viertelstunde kämpfen die Jungs nun schon um den Sieg!
Der Mann schiebt natürlich die Schuld auf seine Frau – da entgegnet sie seelenruhig: „Reg dich doch nicht so auf! Wir bleiben nachher einfach eine Viertelstunde länger …"

Ein Mann fährt mit seinem Wagen neben einem Jungen am Straßenrand entlang. Er lässt die Scheibe runter und sagt: „Ich geb dir Süßigkeiten, wenn du in das Auto steigst.“
„Nein, lass mich in Ruhe“, antwortet der Junge und läuft weiter.
Der Mann lässt nicht locker: „Komm schon. Ich kauf dir auch später ein Eis.“
Da bleibt der Junge plötzlich stehen, dreht sich zu dem Mann und sagt: „Hör auf, Papa, ich gehe mit dir nicht zum Spiel des VfB Stuttgart, egal, was du sagst.“

Warum spielen Ostfriesen auf einem kleineren Spielfeld?
Weil sie denken, dass das Spiel dann kürzer ist.

„Ich glaube, dass der Tabellenerste jederzeit den Spitzenreiter schlagen kann.“
Jürgen Klinsmann

In der Halbzeitpause fragt der Trainer seinen Mittelstürmer entsetzt: „Warum hast du denn ein Eigentor geschossen?"
„Na ja, die Tore sehen sich aber auch so verdammt ähnlich!"

Michael Ballack kommt mit einem schmerzenden Fuß zum Arzt. Der fragt mitfühlend: „Na, Sie Armer, haben Sie sich beim Training verletzt?" Ballack wiegelt ab: „Nein, nein, ich fürchte, mir ist mein Gehaltsscheck auf den Fuß gefallen."

Eine Blondine, eine Nonne, ein Schalke-Fan und ein Borussia-Dortmund-Fan sitzen zusammen in einem Zug nach Hamburg. Als sie durch einen Tunnel fahren, geht das Licht aus und es ist komplett dunkel im Abteil. Dann hört man ein Klatsch-Geräusch, kurz bevor der Zug den Tunnel verlässt. Wieder im Hellen hält der Schalke-Fan sich seine Wange.
Der Schalke-Fan denkt: „Verdammt noch mal. Der Dortmund-Fan muss versucht haben, die Blondine anzufassen. Sie muss gedacht haben, dass ich es war, und hat mir eine Ohrfeige verpasst."
Die Nonne denkt: „So ist es richtig. Er muss versucht haben, das junge Mädchen anzufassen, und sie hat sich verteidigt."
Die Blondine denkt: „Oh, er hat sicher versucht, mich anzufassen, und hat aus Versehen die Nonne berührt. Sie muss sich geschützt haben."
Der Borussia-Dortmund-Fan denkt: „Klasse. Im nächsten Tunnel verpass ich dem Schalke-Fan noch mal eine!"

Warum wollte der Hund nicht Fußball spielen?
Er ist ein Boxer.

Victoria und David Beckham gehen gemeinsam shoppen. Victoria sieht ein Kleid, das ihr besonders gefällt. „Kann ich das Kleid im Schaufenster anprobieren, David?“, fragt Victoria. „Nein, ich glaube nicht, Victoria“, antwortet ihr Mann. „Du benutzt besser die Umkleidekabine wie jeder andere auch.“

Otto Rehhagel:
„Ich muss in diesem Job gut verdienen. Damit es mir mit 50 in der Klapsmühle zur ersten Klasse reicht.“

„Wir müssen jetzt die Köpfe hochkrempeln …
und die Ärmel auch."
Lukas Podolski

Ein Spieler der Gastmannschaft beschwert sich: „Das ist ja ein verdammt langer Weg bei euch von der Kabine bis zum Spielfeld." „Reg dich ab", sagt sein Gegenspieler, „auf dem Rückweg wirst du ja getragen."

Ein Holländer kommt in einen Buchladen und sagt: „Ich hätte gerne das Buch ‚Holland Weltmeister 2018'."
Der Verkäufer daraufhin: „Fantasy finden Sie in der zweiten Etage!"

„Warum pfeifen die Leute denn?", fragt ein Zuschauer einen anderen. „Jemand hat eine Flasche nach dem Schiedsrichter geworfen!"
„Aber er hat ihn doch gar nicht getroffen!"
„Eben, gerade deshalb pfeifen die Leute ja!"

Wozu gibt es Rote und Gelbe Karten?

In den Fußballregeln ist festgelegt, für welchen Regelverstoß ein Spieler welche Strafe erhält. Wenn er zum Beispiel einen Gegenspieler am Trikot festhält, muss ihm der Schiedsrichter zur Verwarnung die Gelbe Karte zeigen. Schlägt ein Spieler einen Gegner oder tritt ihn, bekommt er sofort die Rote Karte gezeigt und muss das Spielfeld verlassen. Manche Spieler, die bereits die Gelbe Karte gezeigt bekommen haben, tun noch einmal etwas Verbotenes, wofür es eigentlich „Gelb“ gibt. Diese Spieler bekommen dann die Gelb-Rote-Karte und müssen ebenfalls den Platz verlassen. Diese Karte wird auch Ampelkarte genannt. Und so wird verständlich, warum die Karten gelb und rot sind. Bei einer Ampel bedeutet Gelb: Achtung, vorsichtig sein, gleich wird die Ampel rot! Im Fußball bedeutet Gelb: „nicht in Ordnung“, aber noch nicht: „ganz schlimm“. Rot hingegen bedeutet immer „Stehen bleiben“ oder „Gefahr“. Deshalb wird der Feldverweis durch die Rote Karte angezeigt. Übrigens hat der Schiedsrichter erst seit der WM 1970 Karten dabei.

Warum darf man nur dreimal auswechseln?

Damit für alle Fußballmannschaften die Chancen in allen Spielen gleich sind, muss man sich natürlich Regeln ausdenken, die immer gelten. Diese Regeln haben die FIFA und ihre Landesverbände bestimmt. Dabei hat man zum Beispiel festgelegt, dass während eines Spiels nur drei Spieler ausgewechselt werden dürfen. Diese drei Spieler darf sich der Trainer aus sieben Ersatzspielern aussuchen, die er alle schon vor dem Spiel bekannt gegeben haben muss. Stell dir vor, jede Mannschaft dürfte so oft auswechseln, wie sie wollte. Dann würden die Trainer von reichen Vereinen ganz viele Spieler verpflichten und auswechseln, sobald ihnen ein Spieler nicht gut genug spielt. Die ärmeren Vereine müssten aber immer mit denselben Spielern zu Ende spielen. Außerdem wäre bei ständigem Auswechseln das Spiel dauernd unterbrochen. Übrigens: In Freundschaftsspielen darf öfter ausgewechselt werden, weil dadurch möglichst viele Spieler getestet werden können.

Toni Kroos muss seine Fitness verbessern, damit er bei Real Madrid alle anderen übertrifft. Er geht zu einem spanischen Doktor.
„Was ich Ihnen empfehlen würde“, sagt der Doktor, „ist pro Tag fünf km zu joggen für die nächsten 50 Tage und dann wieder zu mir zu kommen.“
50 Tage später erhält der Doktor einen Anruf von Toni.
„Ich hab Ihnen gesagt, Sie sollten noch mal bei mir vorbeikommen“, sagt der Doktor.
„Ich kann nicht“, antwortet Toni Kroos. „Ich bin 250 km von zu Hause entfernt und kenne den Weg zurück nicht.“

„Mein Sohn hat das Potenzial, ein Fußball-Hooligan zu werden. Er hat gestern eine Flasche nach dem Schiedsrichter geworfen. Es würde mir nichts ausmachen. Aber er hat den Fernseher zerstört – mit nur zwei Jahren!“

„Ich habe in einem Jahr
16 Monate durchgespielt!“
Franz Beckenbauer

Es ist tiefster Winter und Thomas Müller beschließt, Eisfischen zu gehen. Er fährt zum nächstgelegenen gefrorenen See, bohrt ein Loch und setzt sich zum Fischen hin. Da hört er plötzlich eine laute, dröhnende Stimme: „Dort sind keine Fische unter dem Eis!“

Ein wenig erschrocken schenkt sich Müller einen Becher warmen Tee ein und geht ein wenig weiter den See entlang. Hier bohrt er sich erneut ein Loch und beginnt zu fischen.

„Dort sind keine Fische unter dem Eis!“, ertönt erneut die dröhnende Stimme.

Ziemlich verunsichert beschließt Müller, dass er sich die Stimme nur einbildet. Er geht wieder ein Stück und bohrt ein neues Loch.

„Dort sind keine Fische unter dem Eis!“, sagt die Stimme zum dritten Mal.

„Woher weißt du das?“, ruft Thomas Müller. „Wer bist du? Kann es sein, dass ich Gottes Stimme vernehme?“

„Nein“, antwortet die tiefe Stimme. „Du hörst den Direktor der Schlittschuhbahn.“

Mario Götze besucht eine Schule. In einer Klasse fragt er die Schüler, ob sie ihm ein Beispiel für eine Tragödie geben könnten. Ein kleiner Junge meldet sich und sagt: „Mein bester Freund, der in meiner Nachbarschaft wohnt, spielt auf der Straße. Wenn ein Auto vorbeikäme und ihn überfahren würde, wäre das eine Tragödie.“

„Nein“, sagt Götze, „das wäre ein **UNFALL**.“

Ein Mädchen meldet sich. „Wenn ein Schulbus mit 50 Kindern eine Klippe herunterfallen würde und alle stürben, wäre das eine Tragödie.“

„Leider nein“, erklärt Götze. „Das nennt man einen **GROSSEN VERLUST**.“

Nun bleibt es still im Klassenzimmer. Kein Schüler meldet sich mehr.

„Was?“, fragt Götze. „Gibt es hier keinen, der mir ein Beispiel einer Tragödie geben kann?“

Schließlich meldet sich ein Junge in der letzten Reihe. Schüchtern sagt er: „Wenn ein Flugzeug mit Mario Götze an Bord von einer Bombe in die Luft gesprengt werden würde, wäre das eine Tragödie.“

Götze strahlt und sagt: „Wunderbar! Und kannst du mir auch erklären, warum das eine Tragödie wäre?“

„**Also**“, sagt der Junge, „es wäre ja kein Unfall und es wäre auch bestimmt kein großer Verlust.“

Was haben ein Weinkeller
und die Fußballbundesliga
gemeinsam?
Jede der Flaschen ist ein
Vermögen wert.

**„Es ist mir völlig egal, was es wird.
Hauptsache, er ist gesund."
Mehmet Scholl**

Ein Fußballspieler wartet auf die U-Bahn und vertreibt sich die Zeit damit, Dribbelschritte zu üben. „Kommen Sie, junger Mann", sagt eine ältere Dame zu ihm, „ich zeige Ihnen, wo die nächste Toilette ist."

„Wie war ich?", fragt der Torwart nach dem Spiel.
„Am letzten Samstag warst du besser."
„Aber da habe ich doch gar nicht gespielt."
„Eben!"

Der Zahnarzt zu seinem Patienten: „Bitte schreien Sie mal, so laut Sie können!“ Der Patient: „Aber Sie haben das Wartezimmer doch voller Patienten! Die bekommen es ja mit der Angst zu tun.“ „Das ist ja auch Sinn der Sache, das Länderspiel fängt in zehn Minuten an!“

Fragt der Mittelstürmer seine Freundin: „Warum heiratest du mich nicht? Männer wie ich wachsen nicht auf Bäumen.“ „Das weiß ich“, sagt sie. „Normalerweise schwingen sie sich von Ast zu Ast.“

Wolfgang will von Julian wissen: „Wie nennt man es, wenn Matthäus den Ball zu Klinsmann kickt?“ „Keine Ahnung!“ „Ganz einfach: Seniorenpass!“

Als er noch ein kleiner Junge war, hatte Manuel Neuer einen Ferienjob. Er malte die weißen Linien auf die Straße. Am ersten Tag war der Vorarbeiter sehr zufrieden mit Manuel, da er fünf Kilometer weiße Linien gemalt hatte. Der nächste Tag war weniger beeindruckend. Es waren nur drei Kilometer. Am dritten Tag sah der Vorarbeiter sich gezwungen, Manuel beiseite zu nehmen. „Schau Junge“, sagte er. „Wie kommt es, dass du an deinem ersten Tag fünf Kilometer, am zweiten drei und heute nur einen Kilometer gemalt hast?“
„Das ist, weil ich mich jeden Tag weiter weg von dem Farbeimer bewege.“

Zwei Freunde unterhalten sich: „Kennst du den Unterschied zwischen unserem Fußballteam und einem Marienkäfer?“
„Die Marienkäfer haben mehr Punkte.“

„Viele können nicht unterscheiden zwischen Viererkette und Fahrradkette.“
Karl-Heinz Rummenigge

Der Pfarrer will eine Andacht halten. Aber niemand ist da außer dem Mesner. „Wer spielt denn heute?“, fragt er diesen. „Deutschland gegen Brasilien“, sagt der.

„Wir spielen hinten Mann gegen Mann und ich spiele gegen den Mann.“
Thilo Kehrer

Wie bekommt man in der Gelsenkirchener S-Bahn einen Sitzplatz, wenn alles voll ist? Ganz einfach, man singt: „Steht auf, wenn ihr Schalker seid!“

Das Pokalspiel ist fürchterlich langweilig. „Sieh mal“, sagt ein Tribünengast zu seinem Nebenmann, „der Ministerpräsident ist eingeschlafen.“ „Das ist aber noch lange kein Grund, mich aufzuwecken!“

Jogi Löw verlässt den Zug und fühlt sich nicht gut. Ein Freund, der ihn am Gleis trifft, fragt, warum er sich schlecht fühle. „Mir wird immer schlecht, wenn ich gegen die Fahrtrichtung sitze“, erklärt Löw. „Konntest du nicht einfach die Person gegenüber fragen, ob ihr Plätze tauschen könnt?“, fragt sein Freund. „Ich hab daran gedacht …“, antwortet Löw. „Aber es saß leider keiner da.“

Mario Gomez hört ein Klopfen an seiner Haustür. Er öffnet die Tür und vor ihm steht eine bekümmerte ältere Dame. Sie sagt: „Es tut mir furchtbar leid, Herr Gomez. Aber ich glaube, ich habe gerade eben Ihre Katze überfahren. Ich werde sie Ihnen selbstverständlich ersetzen.“ „O.k.“, sagt Mario. „Sind Sie gut im Mäuse fangen?“

„Ich kann nicht sagen, dass ich es nicht gesagt habe, weil ich es gesagt habe.“
Mehmet Scholl

Ein Dortmund-Fan geht zum Heimspiel. Er kommt am Ticketschalter an und legt einen 50-Euro-Schein auf den Tresen. Darauf fragt der Verkäufer: „Wollen Sie ein Ticket oder einen Spieler kaufen?"

Brooklyn kommt eines Tages nach Hause und entdeckt seinen Vater David Beckham dabei, wie er mit seinem Hund eine Runde Uno spielt.
„Was machst du, Papa?", fragt er.
„Ich spiele nur Uno mit dem Hund, mein Sohn."
„Wow, Papa", sagt Brooklyn, „das muss mit Abstand der klügste Hund überhaupt sein!"
„Ach, ich weiß nicht", sagt David. „Ich habe ihn schon in drei von fünf Spielen geschlagen."

David Beckham und seine Frau Victoria haben ihren jährlichen Check-up beim Arzt. David geht zuerst in das Behandlungszimmer und als er fertig ist, geht Victoria rein. „Bevor wir anfangen, Frau Beckham, muss ich mit Ihnen über Ihren Mann sprechen“, sagt der Arzt besorgt. „Um ehrlich zu sein, mach ich mir ein wenig Sorgen um ihn. Ich habe ihn gefragt, wie es ihm gehe, und er antwortete, dass es ihm fantastisch gehe.“ „Was ist dabei besorgniserregend?“, fragt Victoria. „Dazu komme ich noch. Er erzählte mir, dass er nach dem Aufstehen heute Morgen ins Badezimmer gegangen sei. Er öffnete die Tür und Gott machte für ihn das Licht an. Und als er das Badezimmer verließ, schloss er die Tür und Gott machte für ihn das Licht aus. Nun muss ich Ihnen leider sagen, dass solche Wahnvorstellungen einfach nicht normal sind.“ „Oje, oje.“, sagt Victoria. „Das hört sich so an, als hätte er wieder in den Kühlschrank gepinkelt ...“

„Ich sehe nach wie vor große Möglichkeiten, das Achtelfinale nicht zu erreichen.“
Franz Beckenbauer

Jérôme Boateng geht einkaufen und sieht etwas Interessantes in der Küchenabteilung eines großen Kaufhauses. „Was ist das?“, fragt er.
„Eine Thermoskanne“, antwortet der Verkäufer.
„Und was kann man damit machen?“, fragt Boateng.
Der Verkäufer erklärt ihm, dass sie heiße Getränke heiß und kalte Getränke kalt halte.
Sehr beeindruckt kauft Jérôme Boateng eine Kanne und bringt sie zu seinem nächsten Training mit.
„Hier, schaut euch das an“, sagt Boateng stolz.
„Es ist eine Thermoskanne.“
Seine Teamkollegen sind beeindruckt.
„Was macht sie?“, fragen sie.
Jérôme antwortet: „Sie hält Heißes heiß und Kaltes kalt.“
„Was hast du darin?“, fragt Mesut Özil.
„Zwei Tassen Kaffee und ein Schokoladeneis“, antwortet Boateng.

„Körperlich bin ich gut drauf, physisch natürlich auch.“
Thomas Häßler

**Stolz berichtet der Fußballtrainer einem Reporter: „Unser Mittelstürmer hat Kondition für zwei."
„Für zwei Spiele?"
„Nein, für zwei gut bezahlte Autogrammstunden."**

„Ihr Fachgebiet ist also Fußball?", fragt der Showmaster.
„Ja", antwortet der Kandidat.
„Bravo, da habe ich eine Frage für Sie. Wie viele Maschen hat ein Tornetz?"

Der Fußballer ist gefoult worden und humpelt nun mit schmerzverzerrtem Gesicht auf dem Spielfeld umher. Da meint der Trainer zum Vereinsmasseur: „Bei dem weiß man nie, ob man den Doktor oder den Theaterkritiker kommen lassen soll ...“

„Hast du gehört, dass die Deutsche Post ihre neuen Briefmarken zurückgerufen hat? Sie hatten Fotos von RB Leipzig darauf und die Leute konnten sich nicht entscheiden, wo sie draufspucken sollten.“

Worin besteht die Ähnlichkeit zwischen Fußballern und Babys? Sie denken, sie können durch Schreien alles erreichen!

„Viele sehen es negativ, dass wir schlecht gespielt haben."
Kevin Kurányi

Podolski und Schweinsteiger sitzen vor dem Fernseher und schauen die Acht-Uhr-Nachrichten an. Ein Mann will von einer Brücke auf eine viel befahrene Straße springen. Schweinsteiger wendet sich zu Podolski und sagt: „Lukas, ich wette um 5000 Euro, dass er springt."
Darauf antwortet Podolski: „5000 Euro? Abgemacht. Ich wette, dass er nicht springt."
Beide schauen weiter zu. Kurz darauf springt der Mann. Podolski holt 5000 Euro aus seiner Tasche und reicht sie Schweinsteiger. Der winkt ab.
„Ich kann dein Geld nicht nehmen, Lukas", sagt er. „Um ehrlich zu sein, hab ich geschummelt. Ich hab die Sechs-Uhr-Nachrichten bereits gesehen. Ich wusste also, dass er springt."
„Nein, mein Freund", sagt Podolski. „Das Geld hast du dir fair verdient. Ich hab auch geschummelt. Ich hab die Sechs-Uhr-Nachrichten auch gesehen. Ich hab bloß nicht gedacht, dass er es wieder tut."

„Wenn es einmal hart auf hart kommt, kommt es meistens richtig hart.“
James Rodríguez

Als Teil seiner medizinischen Prüfung für seinen Wechsel zu Real Madrid muss David Beckham einen psychischen Test durchführen.
„Was würde passieren“, fragt der Psychiater, „wenn ich Ihr linkes Ohr abschneiden würde?“
„Hmmm“, sagt David. „Ich wäre wohl taub.“
„Sehr gut. Und was würde passieren, wenn ich Ihnen dann auch noch Ihr rechtes Ohr abschneiden würde?“, will der Psychiater wissen.
„Also in diesem Fall wäre ich blind“, antwortet David.
„Warum denken Sie, dass Sie blind werden, wenn man Ihnen beide Ohren abschneidet?“
„Das ist doch einfach“, antwortet David. „Mein Bandana würde mir über meine Augen rutschen.“

Manuel Neuer plaudert mit seinem Freund Thomas Müller. „Ich denke darüber nach, meine Frau auf eine Safari in Afrika einzuladen“, sagt Manuel.
„Wow“, sagt Thomas. „Das ist mutig. Was würdest du tun, wenn sie von einem wilden Löwen angegriffen werden würde?“
„Ich? Ich würde überhaupt nichts tun“, antwortet Manuel.
„Gar nichts?“, fragt Thomas irritiert.
„Nein“, antwortet Manuel. „Das ist das Gesetz des Dschungels. Ich überlass es dem Löwen, sich selbst zu verteidigen.“

Thomas Häßler:
„In der Schule gab's für mich Höhen und Tiefen. Die Höhen waren der Fußball."

Ein Schalke-Fan und ein Borussia-Dortmund-Fan stoßen bei einem großen Unfall zusammen. Beide Autos haben einen Totalschaden, aber die beiden Männer sind unverletzt.
„Das muss ein Zeichen Gottes sein. Wir sollen Freunde sein", sagt der Schalke-Fan.
„Ich stimme dir zu", antwortet der Dortmund-Fan.
Der Schalke-Fan läuft daraufhin zu den Überresten seines Autos und holt zwei Flaschen Bier, die er sich aufheben wollte, hervor.
„Schau", sagt er zu dem Dortmund-Fan, „das muss ein weiteres Zeichen Gottes sein. Wir sollten dieses Bier trinken, um unsere Freundschaft zu feiern."
Er reicht ihm eine Flasche.
Der Dortmund-Fan bedankt sich und nimmt einen großen Schluck. Währenddessen bringt der Schalke-Fan seine Flasche zurück zum Auto.
„Willst du nichts trinken?", fragt der Dortmund-Fan verwirrt.
„Nein", antwortet der Schalke-Fan. „Ich denke, ich warte, bis die Polizei eingetroffen ist."

An einem schönen Nachmittag taucht ein älterer Herr bei einem großen Münchner Unternehmen auf. „Guten Tag. Ich bin der Onkel von Max Schneider. Ich bin gekommen, um zu fragen, ob er den Nachmittag freihaben könnte. Ich würde ihn gern zu dem Bayernspiel mitnehmen“, erklärt er dem Empfang.
Der Mann hinter dem Tresen antwortet: „Er ist leider nicht da. Wir haben ihm schon freigegeben, damit er auf Ihre Beerdigung gehen kann.“

Sami Khedira trifft aus Turin im Trainingslager der deutschen Nationalmannschaft ein. „Na, wie ist es?“, fragt ihn Joachim Löw. „Kommst du eigentlich mit der Sprache gut zurecht?“ „Ich habe keine Probleme, aber die Italiener …“

„Man sollte die Presse nicht wichtiger machen, als sie wichtig gemacht wird.“
Lothar Matthäus

**Der Arzt sitzt vor einem total verwirrten Joachim Löw, der behauptet, er rede im Schlaf. Er versucht, ihn zu beruhigen, und meint: „So schlimm kann das doch nicht sein!“
„Doch“, entgegnet Löw, „die ganze Mannschaft redet bereits über mich!“**

Ein Fußballspieler hat sich verlobt.
„Und wann heiratet ihr?“, wird er gefragt.
„Noch lange nicht. Wir haben ja gerade erst mit der ersten Halbzeit begonnen.“

**Louis van Gaal übt mit Luca Toni die deutsche Sprache: „Ich bin schön. Welche Zeit ist das?“
Daraufhin Luca Toni: „Vergangenheit!“**

„Die Situation ist aussichtslos,
aber nicht kritisch.“
Stefan Effenberg

„Ich hab meinen Spielern in der Pause gesagt: ‚Wenn wir schon mal alle hier sind, können wir doch eigentlich auch mal ein bisschen Fußball spielen'."
Jürgen Klopp

Was ist der Unterschied zwischen einem Fußballer und einem Fußgänger?
Der Fußgänger geht bei Grün, der Fußballer bei Rot!

„Meine Mannschaft zeichnet sich besonders durch ihre Erfahrung aus", erklärt der Trainer einem Reporter. „Das freut mich zu hören, aber warum setzt sie diese Erfahrung nie ein, um zu gewinnen?"

Wutschnaubend kommt der Schiedsrichter zum Trainer gelaufen: „Ihr Ersatzspieler hat mich gerade ein dreckiges Stinktier genannt! Was sagen Sie dazu?“
„Das tut mir wirklich sehr leid“, sagt der Trainer entschuldigend. „Ich habe den Jungs immer gesagt, sie sollten niemanden nach seinem Äußeren beurteilen.“

„Zum Glück ist die Mannschaft nach dem Spiel besser ins Spiel gekommen.“
Peter Stöger

Fernsehübertragungen von BVB-Spielen werden immer beliebter. Ein Drittel der Bundesbürger schaltet regelmäßig ein. Der Rest greift auf herkömmliche Schlafmittel zurück.

Götze, Gomez und Neuer sind alle auf dem Dach eines brennenden Gebäudes gefangen. Da kommt die Feuerwehr an und spannen ein großes rotes Tuch auf, damit die Fußballer draufspringen können.
Die drei sind natürlich ein wenig nervös. Mutig traut sich Neuer als Erstes und springt. In letzter Sekunde ziehen die Feuerwehrmänner das Tuch weg und der Torwart kracht auf den Asphalt.
Kichernd rufen die Feuerwehrmänner Gomez zu, dass er als Nächstes an der Reihe sei. Er springt und wieder wird das Tuch bewegt.
Der Letzte an der Reihe ist Götze. Aber er denkt nicht daran zu springen ...
„Ihr werdet das Tuch wieder wegziehen“, ruft er den Männern zu.
„Nein, werden wir nicht“, antworten diese.
„Ich trau euch nicht. Ihr werdet es wieder tun“, ruft Götze.
„Komm schon. Spring, du Narr!“, rufen die Männer.
„Na gut“, antwortet der Fußballer. „Aber ich springe erst, wenn ihr das Tuch auf den Boden gelegt habt und euch davon entfernt ...“

Ein Vegetarier, ein Hindu und ein VfB-Stuttgart-Fan kommen zu einem Hotel. Dort erfahren sie, dass es ein Versehen bei den Buchungen gab und es nur ein Zimmer für sie zusammen gibt. Der Manager erklärt, dass es nur zwei Betten in dem Zimmer gebe. Aber es gebe eine Scheune bei einem benachbarten Bauernhof. Der Bauer werde einen kostenlos dort schlafen lassen.

Die drei Männer beschweren sich ein Weile. Aber da es keine Alternative gibt, erklärt der Vegetarier sich großzügig dazu bereit, in der Scheune zu übernachten.

Der Hindu und der VfB-Fan richten sich gerade in ihrem Zimmer ein, als es an der Tür klopft. Es ist der Vegetarier.

„Es tut mir leid, aber da sind Tiere in der Scheune. Als ein Vegetarier fühle ich mich unwohl, bei den zum Tode verurteilten Geschöpfen zu liegen."

„Kein Problem", sagt der Hindu. „Dann schlaf ich da draußen."

Kurze Zeit später gehen der Fußballfan und der Vegetarier zu Bett. Da klopft es erneut an der Tür. Es ist der Hindu.

„Es tut mir leid.", sagt dieser. „Aber da ist eine Kuh unter den Tieren. Wegen meiner Religion fühle ich mich unwohl, bei ihr zu schlafen."

Missmutig verlässt der VfB-Fan sein Bett und geht zur Scheune.

Kurze Zeit später klopft es wieder an der Zimmertür. Im Flur stehen die Tiere des Bauernhofs.

Im Erdkundeunterricht fragt die Lehrerin, wo Bayern liege. Großes Schweigen macht sich in der Klasse breit, bis sich überraschend, aber sehr zur Freude der Lehrerin, Marco meldet: „Meistens an der Tabellenspitze!“

Fragt der Reporter den Trainer einer Mannschaft, die schon wieder absteigt: „Was ist schöner für Sie: ein Sieg oder Weihnachten?“ „Weihnachten, denn das gibt es öfter!“

Der Clubpräsident lobt den Stürmerstar: „Da Sie jetzt in der Nationalelf sind, erhöhen wir Ihr Gehalt um ein Drittel.“ „Das ist mir aber zu wenig, ich will wenigstens ein Viertel!“

„Also, Männer“, stellt sich der neue Trainer vor, „ich bin eine Seele von Mensch. Nur im Dienst bin ich ein Scheusal. Und für euch bin ich immer im Dienst!“

Ein Mann kommt zum Arbeitsamt. „Wie oft mussten Sie denn im letzten Jahr den Arbeitsplatz wechseln?“, fragt ihn der Mitarbeiter.
„Insgesamt viermal!“, rechnet der Mann aus.
„Soso, dann sind Sie also Gelegenheitsarbeiter?“
„Nein, ich bin Fußballtrainer!“

Neuer, Löw und Werner unterhalten sich bei der Beerdigung eines Freundes. Thema des Gesprächs ist die Frage, was die Familie sagen soll, wenn man selbst im Sarg liegt.
Neuer äußert als Erster seinen Wunsch: „Ich würde wollen, dass sie sagen, dass ich ein wundervoller Ehemann, ein großartiger Anführer und ein richtiger Familienmensch war.“
Löw sagt: „Ich würde wollen, dass sie sagen, dass ich ein wundervoller Trainer und Diener des Spiels war, welcher einen großen Einfluss auf das Leben von Menschen hatte.“
Werner sagt: „Ich würde wollen, dass sie Folgendes sagen: ‚Schaut, er bewegt sich!‘ “

„Eigentlich bin ich ein Supertyp. Aber ich kann wohl auch ein richtiger Arsch sein.“
Mario Basler

„Ich habe keine Rituale, bloß Dinge, die ich immer gleich mache." Michael Ballack

Ein großer Fußballfan geht zu einem Arzt, um rauszufinden, was ihm fehlt.
„Ihr Problem ist, dass Sie fett sind", sagt der Doktor.
„Ich hätte gerne eine zweite Meinung", antwortet der Fan verärgert.
„Wie Sie wünschen. Sie sind auch hässlich", antwortet der Arzt.

Der Trainer eines Vereins in der dritten Liga stellte elf Mülltonnen in einer Reihe auf. Sein Team sollte um die Tonnen herumdribbeln und dann auf das Tor schießen.
Nach nur einer Trainingseinheit musste der Trainer diese Übung aufgeben. Grund hierfür war die sinkende Moral im Team. Die Mülltonnen hatten 6:0 gewonnen.

Der Manager eines Vereins in der dritten Bundesliga, ruft seinen besten Torschützen in sein Büro. Stolz verkündet er: „Du hast diese Saison so gut gespielt, dass der Vorstand entschieden hat, dir einen Bonus zu geben. Wir überreichen dir diesen Scheck in Höhe von 5000 Euro.“ „Vielen, vielen Dank. Das ist sehr nett von Ihnen“, sagt der Spieler überwältigt. Der Manager fährt fort: „Und wenn du für den Rest der Saison weiter so gut spielst, wird der Vorsitzende ihn auch unterschreiben.“

„Ein Lothar Matthäus spricht kein Französisch.“
Lothar Matthäus

„Glauben Sie, dass meine Kurzsichtigkeit meiner Karriere schaden könnte?“, fragt ein Fußballspieler seinen Augenarzt. „Ach was“, meint der. „Sie können immer noch Schiedsrichter werden.“

Unterhalten sich zwei Fußballtrainer: „Was sagst du denn zu unserem Mittelstürmer?“ „Toller Mann, wirklich. Wie man sieht, hat er ein hervorragendes Ballgefühl. Er kann ihn aufpumpen, einfetten und abwaschen. Nur den Ball ins Tor bringt er offensichtlich nicht!“

„Mensch, Dieter! Mach den Fernseher an! Bayern gegen Bremen!“ „Na und? Das Spiel habe ich doch letztes Jahr schon gesehen!“

In der Schule soll die Klasse 6b einen Aufsatz über ein Fußballspiel schreiben. Christian will partout nichts einfallen. Aber plötzlich kommt ihm doch noch eine Idee und er schreibt: „Der Platz war leider nicht bespielbar!“

„Das Unmögliche möglich zu machen, wird ein Ding der Unmöglichkeit.“
Jürgen Klinsmann

Der Tanzball des Vereins ist bereits in vollem Gange, als drei Unbekannte ankommen.
„Darf ich Ihre Karten sehen?”, fragt der Vorstandsvorsitzende am Eingang.
„Wir haben keine Karten”, antwortet einer der Männer.
„Wir sind Freunde des Schiedsrichters“, erklären die anderen zwei. Daraufhin wird der Vorsitzende wütend: „Verschwindet!! Wer hat denn jemals von einem Schiedsrichter gehört, der Freunde hat?!“

„Wir können so was nicht trainieren, sondern nur üben.“
Michael Ballack

Während eines Fußballspiels sitzt der Trainer hektisch auf der Bank. Plötzlich springt er auf und ruft seinen Spielern zu: „Wieso kommt der Gegner so frei zum Schuss?“ Ein Spieler ruft genervt zurück: „Ist doch ein Elfmeter!“

Am Finaltag der Europameisterschaft strömen tausende von Fans zum Stadion. Ein Trauerzug passiert langsam die Menschenmenge. Ein Mann sieht dies, senkt seinen Kopf und steht für ein paar Sekunden still da.
„Das war eine sehr nette Geste“, sagt sein Nebenmann.
„Na ja. Sie war mir über 20 Jahre lang eine gute Ehefrau.“

„Für mich gibt es nur entweder - oder. Also entweder voll oder ganz."
Toni Polster

Ein Schüler einer Münchner Schule sitzt in der Berufsberatung.
Beraterin: „Hast du dir schon darüber Gedanken gemacht, was du später einmal werden möchtest?"
Schüler: „Das ist einfach. Ich werde für Bayern München spielen."
Beraterin: „Aber du hast bestimmt auch schon über Alternativen nachgedacht?"
Schüler: „Wieso? Bayern München ist der beste Verein der Welt!"
Beraterin: „Aber was ist, wenn du als Fußballspieler nicht gut genug bist?"
Schüler: „Ich bin gut genug. Außerdem bin ich bescheiden. Ich fange auch als Ersatzspieler an."
Beraterin: „Aber lass mich ganz direkt sein. Was ist, wenn du überhaupt nicht Fußball spielen kannst?"
Schüler: „Oh Mann. In dem Fall muss ich wohl für den TSV 1860 München spielen."

Der Pfarrer spricht mit dem kleinen Peter: „Ein Jammer, dass du nicht jeden Sonntag in die Kirche kommst, sondern stattdessen lieber Fußball spielst! Weißt du denn nicht, was mit Jungs wie dir passiert?“
„Doch, sie spielen irgendwann in der Bundesliga und verdienen Millionen!“

Fußball-Teamchef Joachim Löw und Michael Kohlmann, Kapitän des Davis Cup, tauschen sich über die Probleme ihrer jeweiligen Sportarten aus. Löw macht einen Vorschlag: „Am besten wir tauschen unsere Spieler, denn meine treffen nicht ins Netz und deine hauen unaufgefordert ständig rein! Dann wäre uns beiden geholfen!“

Jan hat nichts anderes als Fußball im Kopf. Wenn er nicht gerade selbst kickt, guckt er Fußball. Sogar nachts träumt er immer nur vom Fußball. Die Eltern machen sich richtig Sorgen und bringen ihn zum Schulpsychologen.
„Sag mal, Jan“, sagt der Psychologe. „Mal ehrlich und unter uns: Träumst du denn von gar nichts anderem? Zum Beispiel von, na ja, von Mädchen?“
„Das hätten Sie wohl gern!“, höhnt Jan. „Von Mädchen träumen! Damit ich das Endspiel verpasse!“

Länderspiel in Bern. Die Nationalmannschaft der Schweiz spielt ausgezeichnet und führt mit zwei Toren. „Wirklich nicht übel“, sagt ein Berner langsam.
„Stimmt“, erwidert sein Freund, „aber deshalb musst du doch nicht gleich vor Begeisterung in die Luft springen!“

„Wenn der Ball so gesprungen wäre, wie ich es gedacht habe, hätte ich ihn gehalten, glaube ich.“
Jens Lehmann

Joachim Löw notiert gerade die Aufstellung für das nächste Spiel. Da fragt Mesut Özil: „Wie lange kann ich denn spielen?“ Löw raunt: „Eine Sekunde, bitte …“ Özil daraufhin: „Super! Dann brauche ich nicht so viel Konditionstraining zu machen.“

Ein Kreuzfahrtschiff droht zu sinken. Der Kapitän schreit: „Gibt es an Bord jemanden, der gut mit einem Ball umgehen kann?“ Der Profifußballer ist sofort dabei und ruft: „Klar, hier bin ich!“ „Super“, begeistert sich der Kapitän, „wir haben leider eine Schwimmweste zu wenig an Bord!“

„Die Schweden sind keine Holländer – das hat man ganz genau gesehen."
Franz Beckenbauer

Eine Fee besucht Per Mertesacker und sagt: „Du hast zwei Wünsche frei. Bitte sage mir, was dein Begehr ist."
Mertesacker überlegt kurz und sagt: „Ich hätt gerne ‘ne Flasche Wasser, die nie leer wird!"
Und schwups, hat er eine Flasche Wasser.
Er öffnet sie, trinkt, setzt ab („Aaaah!"), sieht auf die Flasche und meint: „Ey cool, die is‘ ja noch total voll!"
Die Fee fragt: „Und was ist dein zweiter Wunsch?"
„Geben Sie mir noch so ‘ne Flasche!"

Warum haben die Gladbacher Fußballer Fahrräder zu Weihnachten geschenkt bekommen?
Damit sie schon mal rechtzeitig das Absteigen üben können!

Zwei Fußballfans unterhalten sich. Sagt der eine:
„Na, was sagst du zu meinem neuen Hemd?"
„Nichts Besonderes", antwortet der andere.
„Na, hör mal", entrüstet sich der erste,
„so ein Hemd hat nicht jeder. Es ist fliederfarben!"
„Aber es ist doch blütenweiß", antwortet der zweite.
„Ignorant! Noch nie was von weißem Flieder gehört?"

Mesut Özil sieht, wie Mario Götze aus einer Pfütze trinkt. Er sagt zu ihm : „Hey, lass das! Da sind doch Bazillen drin." Darauf antwortet Götze: „Keine Panik, die sind alle tot! Ich bin vorher extra dreimal mit dem Auto durchgefahren!"

„Mein Papi hat mir gestern zum Geburtstag drei harte Fußbälle geschenkt", erzählt der kleine Tim voller Stolz dem Lehrer in der Schule.
„Das ist ja sonderbar", meint der Lehrer.
„Warum denn lauter harte Bälle?"
„Weil mein Papi nämlich Glasermeister ist!"

„Wir haben zwar vielleicht weniger Fans als andere, aber die, die wir haben, sind sehr gut" Mario Gomez am 29. Spieltag über die Fans des VfL Wolfsburg

Der Trainer ist heute besonders gut aufgelegt. „Also, Jungs", verkündet er, „wollt ihr wissen, wer der erste Torwart gewesen ist?"
„Keine Ahnung, Trainer!"
„Es war Noah. Denn Gott, der Herr, sprach zu ihm: ‚Geh in den Kasten, Noah, ich will stürmen!' "

Warum soll der Stadionrasen von Eintracht Frankfurt einbetoniert werden?
Damit das Spielniveau nicht noch tiefer sinken kann!

Bastian Schweinsteiger versucht sich im Golfspiel. Sein Golfball kommt ausgerechnet auf einem Ameisenhügel zum Liegen. Bastian schwingt den Schläger, schlägt – und trifft voll in den Ameisenhaufen. Die Ameisen fliegen durch die Luft, doch der Ball liegt immer noch oben. Wieder versucht es der Fußballer – wieder daneben. Und wieder trifft es die Ameisen und nicht den Golfball. Nach zwei weiteren Versuchen sind nur noch zwei Ameisen da. „Gibt es denn gar keine Rettung vor diesen furchtbaren Schlägen?“, fragt die eine Ameise schluchzend. „Doch“, sagt die andere. „Wir müssen uns bloß auf diese Kugel da retten!“

Manuel Neuer und seine Frau wollen unbedingt noch die Fähre erreichen, doch sie sind spät dran. Die Fähre legt eben ab. Neuer macht einen Riesensatz und schafft es gerade noch, an Deck zu springen. Seine Frau aber steht hilflos am Kai.
„Das ist mir zu weit“, jammert sie.
„Das schaff ich nicht mit einem Sprung.“
„Na, wenn schon“, ruft Manuel Neuer.
„Dann versuch es eben mit zwei Sprüngen!“

Wer ist an einem Fußballspiel beteiligt?

Wie du weißt, hat jede Mannschaft elf Spieler auf dem Feld. Zu einer Mannschaft gehören aber auch die Auswechselspieler, die Trainer, Betreuer und Mediziner. Auf dem Feld sind außerdem noch der Schiedsricher und seine beiden Assistenten. Außerhalb des Spielfeldes haben noch andere Menschen eine wichtige Rolle: Der Platzwart kümmert sich um die Pflege des Rasens. Am Zuschauereingang arbeiten Kartenverkäufer. Der Stadionsprecher gibt über Mikrofon Informationen durch. Ordner und Polizisten sorgen für Sicherheit und Ordnung. Viele Verkäufer stehen an den Würstchen- und Getränkebuden. Reporter berichten für das Fernsehen, das Radio oder eine Zeitung. Und natürlich darf man auch die vielen Fans nicht vergessen. Sie machen durch ihre Gesänge, ihre Transparente und Aktionen die spannende Atmosphäre in einem Fußballstadion erst möglich.

Wer erfindet die Fangesänge?

Vielleicht hast du dich in einem großen Fußballstadion schon einmal über die Fans gewundert. Im einen Moment ist noch Ruhe auf den Rängen und dann singen plötzlich alle dasselbe Lied. Diese Gesänge sind ihnen meist nicht spontan in den Sinn gekommen. Viele Fans sind nämlich Mitglieder in Fanclubs.
Gemeinsam bereiten sie ihren nächsten Stadionbesuch vor. Sie bemalen Fahnen und Transparente und denken sich eben auch neue Fangesänge aus. Dazu werden oft neue Texte zu den Melodien von bekannten Popsongs gedichtet. In den Texten geht es entweder um das eigene Team („Wir holen den U-U-UEFA-Cup und wir werden deutscher Meister!“) oder um den Gegner („Ihr werdet nie deutscher Meister!“).
Das wohl erste und bekannteste Stadionlied ist „You'll never walk alone“, ein Lied der Fans im englischen Liverpool. Es soll die Treue der Fans zu ihrer Mannschaft bezeugen. Mittlerweile wird es auf der ganzen Welt gesungen.

Neuverpflichtung beim FC Bayern. „Sie sind engagiert. Mit Ihrer breiten Brust sind Sie genau der Richtige für unser Team.“
Spieler: „Ist es nicht wichtig, dass ich auch gut spielen kann?“
„Nein, Hauptsache, die Werbefläche ist groß genug!“

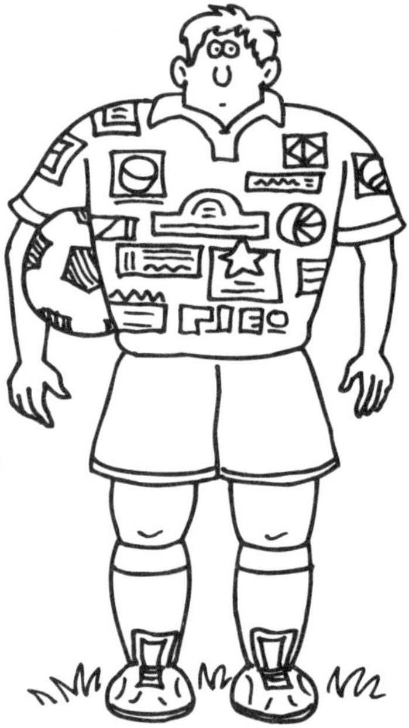

Familie Klose ist aufs platte Land gezogen. Nach langer Zeit trifft Miroslav Klose zufällig seinen ehemaligen Nachbarn aus der Stadt. „Na, wie fühlt ihr euch in eurem Bauernhaus?“, will der Nachbar wissen. „Gute Luft, gesunder Schlaf, was?“
„Geht so“, sagt Klose. „Bloß das leise Tapsen winziger Füßchen im ganzen Haus stört.“
„So etwas“, sagt der frühere Nachbar, „habt ihr so viele Kinder?“
„Nein“, sagt Miroslav Klose, „so viele Mäuse.“

Der Meinungsforscher klingelt bei den Neuers. „Ich hätte nur ein paar Fragen“, sagt er und lehnt sich gegen die Tür, um den Fragebogen aus der Tasche zu ziehen. „Wir wollen herausfinden, was der Bevölkerung am meisten Sorgen bereitet.“
„Ich mache mir keine Sorgen“, sagt Manuel Neuer. „Aber Sie sollten sich Sorgen machen, und zwar um Ihren Mantel.“
„Aber warum denn?“, fragt der Meinungsforscher irritiert.
„Weil die Tür frisch gestrichen ist.“

„Die Nase ist halt eine verletzliche Stelle, und wenn man sie mit den Stollen oder der Fußspitze berührt, kommt es zu Nasenbluten.“
Michael Ballack

René Adler steht im Tor und wehrt sich verzweifelt gegen Mücken. Plötzlich kommen zwei Glühwürmchen angeflogen. Adler zu Per Mertesacker: „Verdammt, jetzt suchen uns die Biester schon mit Taschenlampen!“

„Mein Sohn ist einfach unmöglich“, schimpf Lukas Podolski. „Dauernd ist er hinter mir her und bettelt mich um Geld an. Immer nur Geld!“
„Das sieht man dem Kleinen ja gar nicht an!“, meint der Nachbar. „Was macht er denn mit dem vielen Geld?“
„Weiß ich auch nicht“, sagt Podolski. „Ich gebe ihm ja keins.“

„Verlieren ist wie gewinnen, nur umgekehrt.“
Andreas Möller

Eine Fußballmannschaft fliegt zum Meisterschaftsspiel. Den Spielern wird es schnell langweilig und sie fangen an, in der Maschine Fußball zu spielen. Der Pilot hat alle Mühe, die Maschine zu halten, und schließlich schickt er seinen Co-Piloten nach hinten. Nach fünf Minuten ist wieder Ruhe eingekehrt.
„Wie ist dir das denn gelungen?“, fragt der Pilot.
„Ich habe gesagt: ‚Jungs, es ist so herrliches Wetter – spielt doch draußen weiter!‘“

Der Trainer befiehlt der Mannschaft: „So, und jetzt stellt euch mal ordentlich auf! Und zwar der Größe nach in alphabetischer Reihenfolge!“

Manuel Neuer, Thomas Müller und Mesut Özil retten sich nach einem Flugzeugabsturz auf eine einsame Insel. Da taucht plötzlich eine gute Fee auf. Sie sagt: „Jeder von euch hat einen Wunsch frei!“ Özil: „Ich wünsche mir, wieder zu Hause bei meiner Familie zu sein.“ Sein Wunsch wird ihm erfüllt. Müller sagt: „Ich will endlich wieder in meinem Garten sitzen.“ Sein Wunsch wird ebenfalls erfüllt. Neuer sagt : „Da ich so alleine bin, wünsche ich mir meine beiden Freunde zurück!“

Julian Draxler betritt die Bank und blättert zehn 100-Euro-Scheine auf den Schalter. „Bitte geben Sie mir dafür einen 1000-Euro-Schein. Ach ja. Und es soll ein Geschenk sein. Bitte machen Sie den Preis ab.“

Die Nationalelf macht Safariurlaub in der afrikanischen Steppe. Sie wandert ein Stück zu Fuß. Alle schreiten tüchtig voran, nur Mario Götze kommt nur mühsam vorwärts. Er schleppt einen riesigen Stein mit.

„Was wollen Sie denn mit dem Stein?“, fragt der Reiseleiter.

„Den brauche ich, wenn ein Löwe kommt!“, antwortet Götze.

„Ach, und was wollen Sie damit machen, wenn ein Löwe kommt?“

„Dann lass ich ihn fallen“, erklärt Götze. „Was glauben Sie, wie schnell ich dann rennen kann!“

Podolski und Schweinsteiger helfen einen Tag lang in der Küche des Irrenhauses aus. Da klingelt die Eieruhr. Sie klingelt und klingelt.

„Nun heb doch schon endlich ab!“, ruft Schweinsteiger.

„Bin ich denn blöd?“, brummt Podolski. „Das ist nämlich gar kein Telefon, sondern eine Eieruhr. Da hat sich sicher einer verwählt.“

„Ich fürchte, die Bayern werden auch den Umbruch gut hinkriegen. In dem Regal, in das sie greifen, gibt es nicht so viele Ladenhüter.“
Dortmunds Geschäftsführer Hans-Joachim Watzke

Fragt ein Fußballer einen Pfarrer: „Pater, können Sie mir sagen, ob im Himmel Fußball gespielt wird?“ Antwortet der Pfarrer: „Kommen Sie bitte in einer Woche wieder, ich muss Erkundigungen einziehen.“ Nach einer Woche treffen die beiden sich wieder.
Sagt der Pfarrer: „Ich habe eine gute und eine schlechte Nachricht. Die gute: Im Himmel gibt es riesige Stadien mit wunderbaren Fans, die jeden Kicker anfeuern. Die schlechte: Für das nächste Heimspiel sind SIE aufgestellt!“

Franz Beckenbauer wird von einem Auto angefahren und muss verletzt ins Krankenhaus. Nach drei Wochen ist er endlich wieder halbwegs gesund. Und sofort humpelt er in den nächsten Spielzeugladen und schlägt wie besessen auf die zahlreichen Spielzeugautos ein. Der Geschäftsführer versucht verzweifelt, ihn zu bändigen, doch der Kaiser ist nicht zu halten. „Was tun Sie denn da?!“, schreit er entsetzt. „Diese verdammten Autos!“, kreischt Franz Beckenbauer. „Man muss sie totmachen, solange sie noch klein sind!“

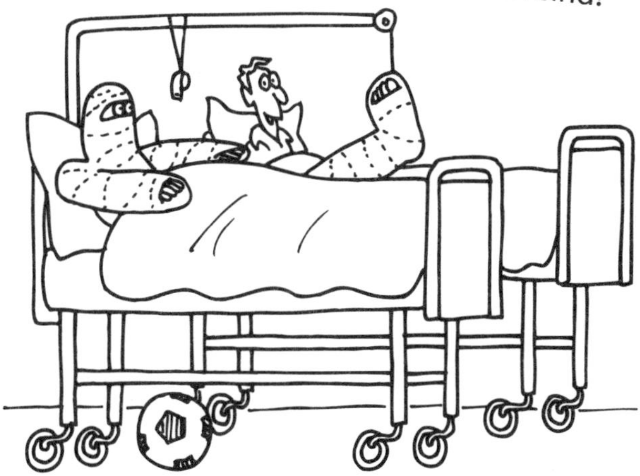

„Herr Doktor, mir wird ständig rot vor Augen!“, klagt der Verteidiger des Vereins.
Rät der Arzt: „Wechseln Sie mal den Schiedsrichter.“

Mario Gomez zu Miroslav Klose: „Ob du es glaubst oder nicht, heute Nacht habe ich geträumt, ich wäre ein Pferd und würde Stroh fressen!“
„Ja und, Mario? Das ist doch nichts Besonderes!“, erwidert Klose.
„Eben doch. Als ich aufwachte, fehlte mir die halbe Matratze!“

„Reiner Calmund sagt zu allem irgendwas. Stoßen in Tschechien zwei Spieler mit dem Kopf zusammen, weiß er, dass das in Leverkusen 1934 auch schon passiert ist.“
Uli Hoeneß

Zwei Fußballprofis haben den Autoschlüssel stecken lassen. Sie versuchen, das Auto mit einem Draht zu öffnen. Plötzlich sagt der eine: „Du, wir müssen uns beeilen, gleich fängt es an zu regnen und das Dach ist noch offen.“

„Wir werden uns zu einer Krisensitzung zusammensetzen, weil wir nur 4:2 gegen den VfB gewonnen haben."
Oliver Kahn

Michael Ballack steht im Garten und sieht, dass auf seinem Dach einige Ziegel fehlen. Er geht ins Haus. Dort bemerkt er, dass ein paar Tassen verschwunden sind. Aufgeregt ruft er bei der Polizei an: „Herr Kommissar, ich habe einen Dachschaden und nicht mehr alle Tassen im Schrank!"

Jogi Löw hat genug vom Geplapper der Welt. Er geht ins Kloster, um den Sinn des Lebens zu finden, und wird in den strengen Orden der Schweigianer aufgenommen. Die Ordensbrüder sind zum Schweigen verpflichtet. Nur einmal im Jahr dürfen sie mit dem Abt sprechen, aber auch immer nur zwei Worte.

Ein Jahr ist Bruder Jogi nun schon bei den Schweigianern. Und nun tritt er dem Abt gegenüber.

„Was willst du mir sagen?“, fragt ihn der Abt. „Aber vergiss nicht: Du darfst nur zwei Worte sagen.“

Bruder Jogi denkt nach und sagt: „Mehr Brot!“

Nach einem weiteren Jahr tritt Bruder Jogi abermals vor den Abt. „Was willst du sagen, Bruder Jogi?“

Bruder Jogi sagt: „Mehr einheizen!“

Wieder vergeht ein Jahr und wieder sagt der Abt: „Bruder Jogi, was sind deine zwei Worte?“

„Ich kündige!“

„Ich muss gestehen“, sagt der Abt, „dass ich erleichtert bin. Jetzt bist du drei Jahre hier, Bruder Jogi, und alles, was ich von dir gehört habe, waren Beschwerden.“

Thomas Hitzlsperger zu Franz Beckenbauer: „Ich habe neulich mein Handy auseinandergeschraubt. Von wegen die Grundgebühr ist auch schon drin – keinen Cent habe ich gefunden!“

Manuel Neuer kommt mit einem geschwollenen Hals zum Arzt. „Kein Problem“, sagt der Doktor. „Da gibt es ein altes Hausmittel. Nach einem heißen Bad trinken Sie den Saft von drei Zitronen.“ Nach einer Woche steht Neuer wieder im Wartezimmer und sein Hals ist noch immer geschwollen. „Haben Sie den Zitronensaft auch wirklich eingenommen?“, will der Arzt wissen.
„Leider nein“, krächzt Manuel Neuer. „Ich habe ja kaum das Badewasser geschafft!“

Überfahrt auf der Fähre. Die See ist rau und Jogi Löw ist schwer seekrank. Mit grünem Gesicht sitzt er im Bordrestaurant und nippt an einem Kamillentee. Der Kellner nähert sich und fragt: „Darf ich Ihnen das Menü servieren?"
„Lieber Gott, nein!", sagt Löw.
„Aber es ist im Fahrpreis inbegriffen", sagt der Kellner. „Sie haben dafür bezahlt!"
„Wenn das so ist", sagt Jogi Löw, „dann nehmen Sie das Essen und werfen Sie es gleich über Bord. Das erspart uns bestimmt eine Menge Ärger."

Uli Hoeneß zu Franck Ribéry: „Einem guten und fleißigen Spieler zahlen wir auch gerne ein hohes Gehalt."
Ribéry: „Hab ich es mir doch gleich gedacht, dass da was faul ist."

„Vielleicht hab ich geschmunzelt, aber angefühlt hat es sich nicht so."
Thomas Müller nach einer vereitelten Großchance

Der Starstürmer wird nach einer Niederlage seiner Mannschaft von einem Sportreporter interviewt. „Das war das schlechteste Spiel meines Lebens", sagt der Fußballer ganz ehrlich ins Mikrofon.
Fragt der Reporter erstaunt: „Ach, Sie haben vorher schon einmal Fußball gespielt?"

„Mein Arzt hat mir geraten, mit dem Fußballspielen aufzuhören."
„Hat er dich denn gründlich untersucht?"
„Nein, er hat mich spielen sehen!"

Einen berühmten Fußballprofi fragt der Reporter, warum er denn überhaupt nicht mehr auf dem Spielfeld zu sehen sei.
„Aus gesundheitlichen Gründen", gibt der Fußballer zurück.
„Wieso denn das?", fragt der Reporter. „Ist Ihnen schlecht geworden?"
„Mir nicht", antwortet der Fußballprofi. „Aber den Zuschauern ..."

„Schach ist für mich neben Fußball der schönste Sport, weil es aufgrund der Figuren auch ein Mannschaftssport ist.“
Felix Magath

Lehrer: „Max, warum kommst du so spät?“
Max: „Ich habe von einem Fußballspiel geträumt, und weil es eine Verlängerung gab, musste ich noch weiterschlafen, um das Endergebnis nicht zu verpassen!“

„Entschuldigen Sie bitte die Verzögerung. Das Spiel kann gleich beginnen“, tönt es aus den Platzlautsprechern. „Der Schiedsrichter hat seine Pfeife vergessen!“ Ein Fan ist empört: „Muss der unbedingt während des Spiels rauchen?“

„Treibst du Sport?“, wird Klaus gefragt.
„Na klar“, sagt Klaus. „Ich spiele Fußball, Tennis, gehe zum Boxen und mache Leichtathletik.“
„Wow! Und wann machst du das alles?“
Klaus: „Morgen fange ich damit an!“

Lukas Podolski nimmt an einem Fallschirmspringerkurs teil. Als er aus dem Flugzeug springen will, schreit der Trainer: „Halt, halt! Du hast ja keinen Schirm!“
„Macht nichts“, meint Podolski. „Es regnet ja nicht!“

„Jedenfalls sitze ich jetzt nicht auf meinem Zimmer und schaue mir jeden Tag fünf Stunden Ronaldo-Videos an.“
Jérôme Boateng vor dem WM-Auftakt 2014 gegen Portugal

„Da sind meine **Gefühle**
mit mir **Gassi** gegangen.“
Jürgen Klinsmann

„Wie ist denn das Fußballspiel gestern ausgegangen?“, fragt Timo seinen Freund Jonas.
„Ach, wie immer“, antwortet Jonas. „Der Schiedsrichter hat gepfiffen und das Spiel war aus.“
„Nein, ich meine, wie viele Tore gab es?“, hakt Timo nach.
„Ach, wie immer. Am linken Spielfeldrand eines und am rechten Spielfeldrand eines.“

Ein Torwart steht bei einem wichtigen Spiel zum ersten Mal im Tor seines neuen Fußballvereins. Doch schon den ersten Kullerball lässt er durch, ohne sich auch nur einen Millimeter zu bewegen. „Mensch!“, fauchen ihn seine Mitspieler an. „Warum hältst du den Ball nicht?“
„Wieso? Dafür ist doch das Tornetz da, oder?“

Fragt Marcel Schäfer seinen Kollegen Lukas Podolski: „Wusstest du, dass man drei Schafe für einen Pullover braucht?“ Darauf meint Lukas: „Wusste gar nicht, dass Schafe stricken können …“

Fragt der Fußballer den Schiedsrichter: „Wie heißt denn Ihr Hund?"
„Ich habe keinen Hund!"
„Oh, das tut mir aber leid. Blind – und keinen Hund ..."

„Tut mir leid, Karten für das Endspiel und für das Spiel um den dritten Platz gibt es leider keine mehr."
„Da kann man nichts machen, schade", sagt die alte Dame lächelnd. „Dann geben Sie mir eben Karten für das Spiel um den zweiten Platz."

Ein Medizinmann ist in England gewesen. Begeistert kehrt er in den afrikanischen Busch zurück und berichtet: „Stellt euch vor: 22 Männer auf einer großen Wiese treten nach einer Lederkugel. Und tatsächlich – 20 Minuten später regnet es!“

„Ich bin Optimist. Sogar meine Blutgruppe ist positiv.“
Toni Polster

„Immer wenn ich im Fernsehen Kaiserslautern sehe, verlieren die.“
„Beruhige dich! Im Radio spielen die auch nicht besser.“

Thomas Müller über Joshua Kimmich nach dessen Doppelpack beim 5:0 gegen Rostow:
„Er ist ein guter Junge, aber jetzt muss ich natürlich bis zum Samstag wieder an seinen Sprunggelenken hängen und ihn davor bewahren, dass er die Bodenhaftung verliert."

Thomas fragt seinen Freund Peter: „Sag mal, was ist eigentlich der Unterschied zwischen einem Schiedsrichter und unserem Stürmer?" „Ist doch klar", erwidert Peter mit einem Grinsen. „Der Schiedsrichter hat eine Pfeife, unser Stürmer ist eine."

Fragt ein Reporter den Fußballstar: „Können Sie sich an Ihr schönstes Tor erinnern?“ Antwortet der Fußballer: „Ja, das war vor einem Jahr das Eingangstor zu meiner Villa!“

Der Fußballtrainer zu seinem Stürmer: „Was machst du bloß? Du kannst weder gut nach links oder rechts abgeben, deine Pässe sind ungenau und bei Direktschüssen aufs Tor verfehlst du es permanent. Du hast dich überhaupt nicht verbessert!“ Darauf der Spieler: „Doch, dafür werden meine Interviews von Tag zu Tag professioneller.“

Julian Draxler und Timo Werner gehen in die Oper und schauen sich „Don Carlos“ an. Der Sänger, der den Don Carlos gibt, ist stimmlich nicht ganz auf der Höhe. Er quietscht und rumpelt, außerdem fuchtelt er dramatisch herum.
„Lass uns gehen“, flüstert Draxler. „Ich halte den Kerl einfach nicht aus!“
„Aber ich will bleiben!“, flüstert Werner zurück. „Ich kenne das Stück. Am Ende bringt sich Don Carlos um und das lasse ich mir nicht entgehen!“

**Klose und Gomez unterhalten sich in einer Kneipe.
„Sag mal, Miroslav“, sagt Gomez, „wer ist denn bei euch eigentlich der Chef im Haus?“
„Das haben wir ganz gerecht aufgeteilt“, sagt Klose.
„Jeder hat seinen Bereich, in dem er bestimmt, wo es langgeht. Meine Frau ist zum Beispiel für die Kinder zuständig.“
„Und du?“
„Ich?“, sagt Klose. „Na, für die Blumen.“**

Warum musste das Spiel Mönchengladbach gegen die Bayern ausfallen?
Die Borussen brauchten erst eine zweistellige Anzeigetafel.

Jogi Löw leidet an schwerer Schlaflosigkeit. Seine Augen liegen tief in den Höhlen, er ist blass und seine Hände zittern vor Erschöpfung. Der Arzt verschreibt ihm ein Schlafmittel. Nach einer Woche ist Löw wieder bei ihm. Seine Augen liegen noch tiefer in den Höhlen, sein Gesicht ist noch blasser und seine Hände zittern noch mehr.

„Hat Ihnen das Mittel nicht geholfen?“, erkundigt sich der Arzt besorgt.

„Teilweise“, antwortet Löw.

„Was meinen Sie damit?“

„Ich habe tief und fest geschlafen“, erzählt Löw. „Aber ich habe geträumt, dass ich nicht schlafen konnte.“

Der Reporter nach dem Länderspiel zu Toni Kroos: „Sie waren überall, nur nicht da, wo der Ball war. Dort, wo das runde Leder war, stand immer ein Gegenspieler.“ Kroos abwehrend: „Ich habe mich nur an die taktischen Vorgaben von Joachim Löw gehalten: Ball und Gegner laufen lassen.“

Julian Draxler ist beim Doktor. Nach der Untersuchung fragt der Doktor: „Und wie steht es mit Ihrem Appetit? Immer gut? Oder unregelmäßig?"
„Eher unregelmäßig", antwortet Draxler. „Manchmal schmeckt es mir und manchmal könnte ich überhaupt nichts runterbringen."
„Aha", sagt der Doktor. „Und zu welchen Zeiten haben Sie überhaupt keinen Appetit?"
„Gleich nach dem Essen."

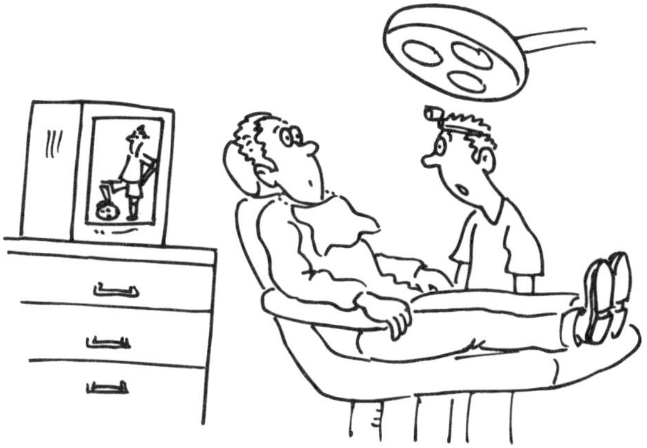

Veteranentreffen. Mario Basler kommt auf Krücken zum Treffen gehumpelt. Fragt ihn Rudi Völler: „Was ist denn mit dir passiert?"
„Ich bin vom Baum gefallen", sagt Basler.
Fragt Völler mitleidig: „Hoch?"
„Nein", antwortet Basler, „runter!"

Friedel Rausch kurz bevor er mit seinem Club absteigen musste: „Der Abstieg trifft sicher eine Mannschaft, die noch gar nicht damit rechnet."

Mats Hummels fährt mit dem Zug. In seinem Abteil sitzt ihm eine ältere Dame gegenüber.
„Entschuldigen Sie", sagt Hummels zu der Frau, „könnten Sie mir das Bein auf die Bank hochheben?"
Mitleidig packt die Dame an und hebt ihm das gestreckte Bein vorsichtig auf die Bank. Dann kündigt sich der Schaffner an.
„Vielleicht könnten Sie mir auch noch die Fahrkarte aus meinem Jackett nehmen?", bittet Hummels. „Linke Innentasche. Dort trüben hängt es."
Die ältere Dame handelt wie gebeten und reicht die Karte sogar dem Schaffner.
„Danke", sagt Hummels. „Jetzt möchte ich Sie noch bitten, mir den Koffer herunterzuheben. Da ist die Zeitung drin."
Die ältere Dame wuchtet den Koffer herunter, gibt dem Fußballspieler die Zeitung und sagt mitleidig: „Also, Sie sind ja wirklich schlimm dran!"
„Nicht besonders schlimm", sagt Hummels.
„Ach, und was haben Sie dann?"
„Urlaub", sagt Hummels.

„Neulich habe ich einen tollen Film gesehen“, erzählt Mesut Özil. „Eine junge Frau löst sich aus ihrer miserablen Beziehung zur Mutter. Sie geht in eine Bergarbeiter-Kommune. Ihre Mutter spürt sie auf und versucht, sie zu ermorden. Am Schluss wird die Frau von einem Prinzen gerettet.“
„Klingt toll“, sagt Jérôme Boateng. „Wie heißt der Film?“
„Schneewittchen und die sieben Zwerge.“

David Beckham kommt von einem Spiel in Japan nach Hause. Stolz geht er zu seiner Frau. „Guck mal, Victoria, was ich in Tokio gekauft habe. Ein computergesteuertes Thermometer!“
„Ach“, sagt Victoria Beckham enttäuscht, „und du glaubst, mich interessiert, wie warm es in Japan ist?“

„Es gibt nur einen Ball. Wenn der Gegner ihn hat, muss man sich fragen: Warum?! Ja, warum? Und was muss man tun? Ihn sich wiederholen!“
Giovanni Trapattoni

„Bei meinen Schüssen möchte ich auch nicht im Tor stehen."
Marcel Schäfer

Der Schiedsrichter pfeift Elfmeter. Der gefoulte Stürmer legt den Ball genau auf den Punkt. Da schreit seine Frau vom Spielfeldrand: „Wenn du den danebenschießt, brauchst du gar nicht mehr nach Hause zu kommen!"
Daraufhin legt sich der Spieler den Ball noch einmal sorgfältig zurecht, läuft bedächtig an – und schießt die Kugel 20 Meter neben das Tor ...

Die Podolskis machen Urlaub auf dem Bauernhof. Sie werden freundlich empfangen und der Bauer erklärt ihnen alles. „Eins wollte ich gleich am Anfang sagen“, meint er, „bei uns auf dem Hof geht man mit den Hühnern schlafen.“ „Um Gottes willen!“, ruft Lukas Podolski. „Haben Sie denn keine eigenen Betten?“

Der neue Trainer schielt ganz fürchterlich. Er steht vor dem Mittelstürmer und fragt: „Wie viel ist sieben mal sieben?“
„Neunundvierzig“, sagt der Torwart.
„Dich hab ich gar nicht gefragt!“, sagt der Trainer.
„Ich hab ja auch gar nichts gesagt!“, ruft der rechte Außenverteidiger.

„Mal verliert man, mal gewinnen die anderen."
Marco Reus

Lothar Matthäus trainiert gerade bei den New York Metrostars und bekommt plötzlich tierischen Hunger. Er läuft schnell um die Ecke zu einer Imbissbude und sagt: „Ich hätte gerne von dem Hähnchen da!"
Fragt die Verkäuferin: „Chicken?"
Lothar: „Nee, nicht schicken, das dauert zu lange ..."

Timo Werner und Julian Draxler sitzen in Draxlers Porsche.
Sagt Draxler unternehmungslustig zu Werner: „Weißt du was, Timo? Heute punkten wir in Flensburg!"
Darauf Werner lachend: „Haha! Julian, du Spaßvogel! Die spielen gar nicht in der Bundesliga!!"

Kommt Bastian Schweinsteiger zur Sekretärin seines Managers. Sagt Schweinsteiger zu ihr: „Ich will zum Manager.“
Antwortet die Sekretärin: „Tut mir leid, der ist nicht da.“
Sagt Schweinsteiger: „Aber ich habe ihn doch eben von der Straße aus am Fenster gesehen.“
Die Sekretärin nickt. „Eben – er sie auch ...“

„Sie wissen wohl nicht, wen Sie vor sich haben?“, faucht Franz Beckenbauer den Hotelportier an. „Wie können Sie es wagen, mich in ein so kleines Zimmer zu schicken?!“
„Aber beruhigen Sie sich“, erwidert der Portier, „das ist doch nur der Fahrstuhl!“

„Das Gegentor fiel zum psychologisch ungünstigsten Zeitpunkt. Aber man muss an dieser Stelle auch einmal die Frage stellen, ob es Gegentore gibt, die zu einem psychologisch günstigen Zeitpunkt fallen.“
Mehmet Scholl

Ruhrpottderby BVB gegen Schalke. Das Stadion ist ausverkauft. In der Halbzeit soll die Miss Ruhrgebiet gekürt werden. Der Stadionsprecher bittet sie in den Mittelkreis und sagt: „Frau Kowalski, beantworten Sie mir die Frage, wie viel drei mal drei ist, und Sie sind Miss Ruhrgebiet."
Spontane Antwort: „Zehn." Das ganze Stadion brüllt: „Gib ihr noch eine Chance." Sie überlegt und sagt: „Acht." Das Stadion brüllt wieder: „Gib ihr noch eine Chance. Gib ihr noch eine Chance." Der Stadionsprecher erbarmt sich und sagt: „Jetzt muss die Antwort stimmen, sonst wird's nichts mit dem Titel!"
Frau Kowalski überlegt lange, dann sagt sie: „Neun!"
Das ganze Stadion brüllt: „Gib ihr noch eine Chance. Gib ihr noch eine Chance. Gib ihr noch eine Chance."

„Ich habe immer gesagt, mich interessiert nicht, wer spielt. Hauptsache ich spiele."
Mario Basler

„Wer wird hier eigentlich operiert?", will der Chefarzt wissen. Darauf der Chirurg: „Ein Mann, der einen Fußball verschluckt hat." – „Aha, und was will der andere Mann, der da herumsteht?" – „Weiterspielen, er wartet auf den Ball."

Der Mathelehrer schreibt 2:2 an die Tafel. „Was ist das, Kinder?" „Unentschieden", ruft die Klasse lauthals wie aus einem Mund.

Ein 1860-München-Fan steht vor Gericht, weil er zwei Bayern-Fans angefahren hat. Richter: „Angeklagter, sagen Sie die Wahrheit!“ Angeklagter: „Die Straße war vereist, mein Wagen ist ins Schleudern gekommen.“ Richter: „Es ist August, Sie sollen die Wahrheit sagen!“ Angeklagter: „Es hat geregnet und Laub war auf der Straße.“ Richter: „Seit Tagen scheint die Sonne, zum letzten Mal: die Wahrheit!“ Angeklagter: „Also gut, die Sonne schien, schon von Weitem habe ich die Bayern-Fans gesehen, also habe ich auf sie draufgehalten. Der eine hat eine Beule in meinem Kotflügel hinterlassen, der andere ist in einen Hauseingang geflogen. Ich bereue nichts!“ Richter: „Na, warum denn nicht gleich so? Den einen verklagen wir wegen Sachbeschädigung, den anderen wegen Hausfriedensbruch!“

„Jeder kann sagen, was ich will."
Mario Basler

Vater und Sohn (drei Jahre) sind im Fußballstadion, Stehplatz. Der kleine Junge sitzt auf den Schultern des Vaters. Das Spiel läuft. Nach fünf Minuten brüllt der Kleine los: „Aaaabseits, das war ganz klar Abseits!"
Weitere fünf Minuten später: „Foul, Foul, Foul, Gelbe Karte, Rote Karte, raus die Sau!"
Kurz darauf: „Elfmeter, ganz klarer Elfer! Schiri, du blindes Huhn!"
Plötzlich nimmt der Vater seinen Junior von den Schultern und versohlt ihm kräftig den Hintern. Meint sein Nachbar: „Was haben Sie denn? Der Kleine hat doch Ahnung vom Fußball."
Darauf der Vater: „Abseits, Foul, Elfmeter kann er brüllen, aber Pipi sagt er nicht!"

Beruhigt ein Trainer den Torhüter, der aufgeregt auf einen Strafstoß wartet: „Lass dich nicht verrückt machen! Du kennst doch den Trick von diesem Libero. Der schießt den Ball entweder in die rechte oder in die linke Torecke.“

Die österreichische Nationalmannschaft kassiert zehn Minuten vor Schluss das 0:13. Blickt der Trainer auf die Uhr und sagt: „Das war's wohl!“ Raunt ein Spieler im Vorbeigehen: „Sie mit Ihrem blöden Aberglauben!“

Kommt ein Spieler zum Training und sagt zum Trainer: „Trainer, ich kann leider nicht mitmachen, ich habe Fieber.“ Entgegnet der Trainer: „Gut, dann brauchst du dich ja nicht mehr warm zu laufen.“

Ulla Sandrock zu ihrem Mann: „Unser Nachbar gibt seiner Frau immer noch ein Küsschen, bevor er wegfährt. Warum tust du das nicht auch?“ Meint Jürgen Klopp lächelnd: „Aber warum denn? Ich kenne die Frau doch gar nicht, Liebling.“

„Nein“, sagt Michael zu seiner Verlobten. „Wir können auf keinen Fall an einem Donnerstag heiraten.“
„Warum denn nicht?“
„Weil dann unsere Silberhochzeit auf einen Samstag fällt. Und da bin ich im Stadion!“

„Kopfball war für mich immer so etwas Ähnliches wie Handspiel."
Berti Vogts

Timo Werner kommt nach Gelsenkirchen und stellt seinen Porsche auf einem Fußballplatz ab.
„He, Sie können hier nicht parken", ruft der Platzwart empört.
Darauf Timo genervt: „Wieso nicht? Da steht doch ‚Parkstadion'!!"

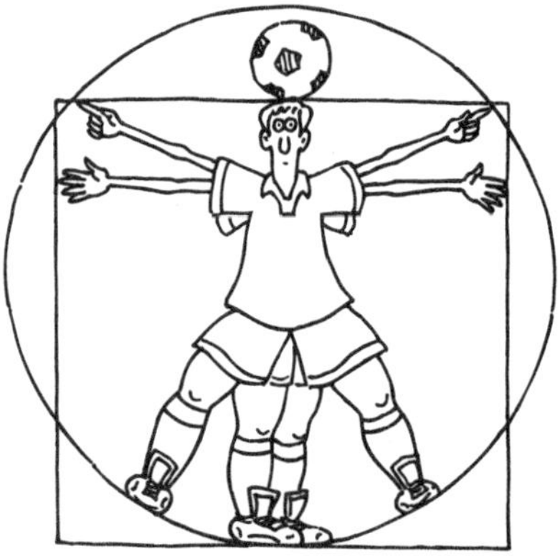

Bastian Schweinsteiger zu Podolski: „He, Lukas, wenn du errätst, wie viel Geld ich in der Hand habe, darfst du die fünf Euro behalten."
„Lass nur", antwortet der, „was soll ich mir wegen 20 Euro den Kopf zerbrechen."

Bielefelds Trainer zu seiner Mannschaft: „Der Nichtabstieg wäre das schönste Geburtstagsgeschenk für mich.“ Darauf sein Torwart: „Zu spät, wir haben schon eine Uhr gekauft.“

„Mensch, sind Sie blind?“, schreit der zornige Stürmer den Schiedsrichter an. Der aber will dem Spieler noch eine Chance geben, damit er nicht die Rote Karte zücken muss. Deshalb fragt er: „Hat hier jemand was gesagt?“ Da wendet sich der Fußballer ab und knurrt: „Oh Mann, taub ist er auch noch!“

Was ist die UEFA?

UEFA ist die Abkürzung für den französischen Begriff „Union des Associations Européennes de Football“. Er bezeichnet den europäischen Fußballverband. Alle Landesverbände in Europa sind ihm angeschlosen, darunter natürlich der DFB oder zum Beispiel die FA, der englische Fußballverband. Die UEFA ist zuständig für die Organisation der Europameisterschaft (EM). Sie legt unter anderem fest, wo die EM ausgetragen wird. Außerdem werden die Champions League und die Europa League von der UEFA ausgerichtet. Wenn es zwischen Landesverbänden oder zwischen Mannschaften aus verschiedenen Landesverbänden Streitigkeiten gibt, zum Beispiel über Verträge oder Ähnliches, kann das Sportgericht der UEFA angerufen werden. Dort werden die Fälle dann neutral verhandelt. Ihren Hauptsitz hat die UEFA in Nyon in der Schweiz. Genau wie bei der FIFA und dem DFB steht an ihrer Spitze ein gewählter Präsident.

Was ist die FIFA?

FIFA ist die Abkürzung für Fédération Internationale de Football Association. Das ist französisch und bedeutet Internationaler Dachverband der Fußball-Verbände. Die FIFA ist der große Verband, dem alle anderen Verbände, zum Beispiel die UEFA und der DFB, untergeordnet sind.

Ein Spieler gehört einem Verein in Deutschland an, dieser Verein dem DFB, der DFB der UEFA und die UEFA gehört der FIFA an. Außer für die Regeln ist die FIFA noch für die Organisation der WM zuständig, sie veranstaltet die olympischen Fußballturniere und schlichtet Streite, die den internationalen Fußball betreffen. Insgesamt sind über 200 Nationalverbände bei der FIFA angemeldet. Innerhalb der FIFA gibt es verschiedene Arbeitsgruppen, die sich mit ihren Spezialfeldern beschäftigen. Ihren Hauptsitz hat die FIFA in Zürich in der Schweiz.

Übrigens, die FIFA hat einen französischen Namen, weil sie 1904 in Frankreich gegründet wurde.

Ein Polizist hält den Wagen von Arne Friedrich an. „Ihr Wagen ist völlig überladen. Geben Sie mir doch bitte einmal Ihren Führerschein."
Friedrich: „Aber der wiegt doch höchstens 40 Gramm!"

Hannes und Kurt überlegen, was sie am Nachmittag tun können. „Lass uns eine Münze werfen", schlägt Hannes vor. „Bei Kopf spielen wir Fußball, bei Zahl spielen wir Fußball auf der Playstation."
„Gute Idee", sagt Kurt. „Und wenn sie auf der Kante stehen bleibt, machen wir Hausaufgaben."

Timo Werner kommt zum Arzt und erzählt: „Herr Doktor, ich habe nachts immer denselben Traum. Immer stehe ich vor einer Tür und ziehe und ziehe, aber ich kriege sie nicht auf, und da ist ein Schild!“ „Was steht denn auf dem Schild?“ „Bitte drücken.“

Lars ist im Fußballcamp und schreibt seinen Eltern eine Karte: „Liebe Mama, lieber Papa! Leider habe ich gestern beim Training ein Bein gebrochen. Zum Glück war es nicht meins!“

Der neue Schüler ist ein fürchterlicher Angeber. „In meiner alten Schule war ich der Star in der Fußballmannschaft“, brüstet er sich vor dem Sportlehrer. „Mittelstürmer, aber was für einer! Wie viele Tore, schätzen Sie, habe ich in meinem besten Spiel gemacht?“
„Ich schätze halb so viel“, meint der Lehrer.
„Halb so viel von was?“, fragt der neue Schüler irritiert.
„Halb so viele Tore, wie du mir weismachen willst.“

Warum verstehen sich Zinédine Zidane und Jan Koller so gut?
Weil sie sich nicht in die Haare kriegen können!

Arne Friedrich kommt aus der Toilette und versucht, sich im Gehen die Hose trocken zu reiben. „Was ist denn passiert?", wird er von allen Seiten gefragt. „Ach", antwortet Friedrich mürrisch, „der neben mir drehte sich zu mir um und fragte: ‚Sind Sie nicht der Friedrich?'"

Länderspiel. Welche Funktion hat der kleine Junge neben Bastian Schweinsteiger vor dem Spiel?
Er passt auf, dass Schweini die richtige Strophe der Nationalhymne singt!

„Du kommst in dieser Woche schon zum fünften Mal zu spät zum Training", hält der Trainer dem Spieler vor. „Weißt du denn, was das bedeutet?"
„Ja, dass heute Freitag sein muss."

Michael Ballack zu Philipp Lahm: „Du, was hat denn der Podolski? Der hustet und niest ja die ganze Zeit!"
Lahm: „Der hat sich in der letzten Saison einen bösen Schnupfen zugezogen."
Darauf Ballack: „Kein Wunder, der stand ja auch die ganze Zeit im Sturm."

„Warum kannst du denn nur 30-mal mit einem Ball jonglieren?", fragt ein Fußballfreund den anderen. „Ich kann das viel öfter!"
„Ist doch logisch, ich werde jedes Mal vom Angriff der gegnerischen Mannschaft gestört!"

Warum fährt der Mannschaftsbus von Eintracht Frankfurt neuerdings über jede Ampel, die er kriegen kann?
Weil man so wenigstens ein paar Punkte in Flensburg holen kann.

Welcher Torwart kann höher springen als eine Torlatte?
Alle. Eine Torlatte kann nicht springen.

Warum spielen Ostfriesen bei jedem Fußballspiel nur eine Halbzeit lang?
Weil sie nicht wissen, wie sie den Platz umdrehen sollen.

Ein Fußballer erzählt: „Ich habe ‚Fußball Manager' auf meinem Computer gespielt, als ich den Job beim FC St. Pauli angeboten bekam. Ich wusste, dass es ein armer Verein ohne Zukunft ist. Also habe ich das Angebot abgelehnt. Dann legte ich auf und wandte mich wieder meinem Computer zu."

„Unsere Hochzeitsnacht habe ich mir aber ganz anders vorgestellt“, beklagt sie sich am nächsten Morgen. „Du wusstest doch vorher, dass es erst um Mitternacht die Fußballübertragung im Fernsehen geben würde.“

Während des Trainings fragt Benedikt Höwedes André Schürrle: „Glaubst du an Buddha?“
Darauf Schürrle: „Schon, aber Margarine ist mir lieber!“

Manuel Neuer fragt Joachim Löw: „Woran merkst du, dass Ebbe ist?“
Darauf erwidert Löw: „Wenn es beim Rudern staubt!“

Meint der Trainer des Tabellenletzten: „Jungs, knobelt das Ergebnis doch einfach aus. Das erspart euch die ganze Lauferei.“

Wie heißen die Fußballschuhe von Jesus?
Christstollen natürlich!

Julian Draxler und seine Freundin gehen ins Kino. Fragt Draxler:
„Sitzt du auch gut?"
„Ja."
„Siehst du auch gut?"
„Hm."
„Ist dein Sessel bequem?"
„Und wie!"
„Wollen wir tauschen?"

Klose erzählt begeistert: „Und da ritt ich also auf meinem Pferd dahin, vor mir Hyänen, hinter mir Löwen ..."
„Und dann?"
„... Dann war die Karussellfahrt zu Ende."

Ein Fußballprofi und ein Laie unterhalten sich:
„Wirklich schade, dass im Moment so wenig Fußball im Fernsehen läuft!", meint der Profi.
„Och, das kann ich gut verstehen", sagt der Laie. „Schließlich können die Jungs bei dem traumhaften Wetter ja auch wieder draußen spielen!"

„Du bist eine geschlagene Stunde zu spät“, ermahnt der Trainer seinen Stürmer, der wiederholt zu spät kommt. „Ja und?“, fragt der Spieler gelassen. „War denn heute irgendwas Besonderes los?“

Nach dem verlorenen Viertelfinale sagt der Trainer der Presse: „Wir wollten ein Vorbild für alle Fans sein – wir schlagen niemanden mehr!“

Der Sohn des Fußballstars kommt eines Tages von der Schule nach Hause und erzählt seinem Vater stolz: „Du, Papa, mein Vertrag mit der Schule wurde um ein weiteres Jahr verlängert!“

Eine Kundin sieht sich in einem Geschäft nach einem neuen Fernseher um. Der Verkäufer möchte sie gerne beim Kauf beraten und fragt: „Was für ein Modell soll es denn sein?“ Die Frau antwortet: „Das ist mir wirklich gleichgültig, Hauptsache, der Fernseher strahlt keine Fußballsendungen aus!“

Eine Frau steht missmutig vor den Regalen einer Parfümerie. Eine Verkäuferin nähert sich und fragt höflich: „Kann ich Ihnen behilflich sein?“ Die Frau sagt deprimiert: „Haben Sie irgendeinen Duft, der nach Fußball riecht?“

Streiten sich ein Elektriker, ein Fußballer und ein Gärtner, wessen Beruf der älteste ist. Sagt der Fußballer: „Mein Beruf ist der älteste! Die Ägypter haben bereits vor den Pyramiden Fußball gespielt.“ Erwidert der Gärtner: „Wir Gärtner haben bereits den Garten von Eden gepflanzt.“ Schreit der Elektriker mittlerweile rot vor Wut, weil er die ganze Diskussion für Zeitverschwendung hält: „Die Elektriker haben den ältesten Beruf, denn als Gott sprach: ‚Es werde Licht!‘, haben wir davor die Leitungen verlegt.“

„Ich geb euch kurze Antworten, dann müsst ihr nicht so viel schreiben.“
Lukas Podolski

Bei der Fußball-WM in Brasilien herrscht Sicherheitsstufe Rot, denn es wird ein Stargast erwartet: Papst Franziskus. Kein Wunder, denn der Papst ist schließlich überall dort zu finden, wo Not und Elend am größten sind.

Beim Anflug auf Frankfurt entdecken die Spieler von Bayern München eine Gruppe Radfahrer.
„Oh schaut“, sagt Thomas Müller, „da ist ein Radrennen.“
Winkt Mats Hummels ab: „Unsinn, das ist die Eintracht Frankfurt, die fährt zum Auswärtsspiel.“

Im Vereinsbüro sagt die Sekretärin zum Fußballspieler: „Sie müssen Ihren Spielerpass verlängern lassen.“
„Wieso?“, fragt der. „Ich finde das Format ziemlich praktisch.“

Warum hat die Arena auf Schalke mittlerweile ein Dach? Glücksspiele unter freiem Himmel sind nun mal verboten.

Warum wurde der lauffaule Mittelfeldspieler vom Tierschutzbund verklagt? Weil er 90 Minuten lang auf demselben Regenwurm stand.

Nach dem Spiel: Ein kleiner Junge versucht, über den Stadionzaun zu klettern. Ein Ordner meint: „Hey, du da, geh gefälligst so raus, wie du reingekommen bist!“ „Aber das mache ich doch gerade!“

Der Verein ist wegen Finanzproblemen in die Schlagzeilen geraten. Der Reporter will herausbekommen, was genau passiert ist, und fragt den Präsidenten: „Stimmt es, dass Sie einen neuen Schatzmeister suchen?“ Der Präsident antwortet resigniert: „Das stimmt, ja! Und den alten leider auch!“

„Mama, Mama, Lukas hat meinen Fußballschuh kaputt gemacht!“
„Wie das denn?“
„Ich hab ihm damit auf den Kopf gehauen, da ist ein Stollen abgebrochen!“

Wie oft kann man von einem zwei Meter hohen Torpfosten zehn Zentimeter abschneiden?
Einmal. Danach ist er ja nur noch 1,90 Meter hoch.

Beim F-Jugend-Training prahlen Felix und Max, wer den stärkeren Papa hat.
„Kennst den Bodensee?“, fragt Felix. „Mein Papa hat nämlich das Loch dafür gegraben!“
„Aha. Und kennst du das Tote Meer?“, fragt Max zurück. „Mein Papa hat es nämlich erschlagen!“

Warum ist der Ball rund und aus Leder?
Weil er, wenn er eckig und aus Glas wäre, ein Aquarium wäre.

Warum darf der dumme Fußballstar nicht auf den Leuchtturm?
Er versucht immer, die Hubschrauber zu füttern.

„Ich habe es mir sehr genau überlegt und dann spontan zugesagt."
Toni Polster

Was ist der Unterschied zwischen einer Viererkette und einer Fahrradkette? Das weißt du nicht? Und du willst ein Fußballfan sein?

Welche Schuhe haben keine Sohlen?
Handschuhe

Wie sitzt ein Fußballer auf der Mauer?
Hart.

„Mama, Mama, alle lachen mich aus, weil ich so große Füße hab!"
„Ach, das bildest du dir nur ein. Und jetzt stell deine Schuhe in die Garage, damit wir Essen können!"

Was steht zwischen Torhüter und Verteidiger?
Das Wort „und".

Der kleine Kevin schnappt beim Stadionbesuch die schlimmsten Kraftausdrücke auf. Ein besonders schlimmes Schimpfwort kommt seiner Tante zu Ohren, die gerade zu Besuch ist. Mit ernster Miene sagt sie zu ihrem Neffen: „Also, Kevin, solche Ausdrücke gehören sich nicht. Wenn du versprichst, niemals wieder dieses Wort in den Mund zu nehmen, dann bekommst du von mir einen Euro!“ Kevin denkt kurz nach und sagt schließlich: „Alles klar, Tante, aber da kennr ich noch einen Ausdruck, der ist gut und gerne fünf Euro wert!“

Drei Wochen nach ihrer Hochzeit mit einem angeblichen Fußballstar ist Jenny ziemlich enttäuscht. „Ich dachte, du hättest viel mehr Geld“, mault sie. „Schatz, ich habe vor der Hochzeit nur gesagt, ich hätte viel mehr Geld als Verstand …“

„Mailand oder Madrid – Hauptsache Italien.“
Andreas Möller

Was ist der Unterschied zwischen einem Pferd und einem Fußball? Das weißt du nicht? Na, dann pass mal auf, dass sie dir kein Pferd andrehen, wenn du das nächste Mal einen Fußball kaufen willst!

Der Handwerksmeister ist verwundert: „Also, ich weiß nicht, Niklas, immer wenn ein wichtiges Fußballspiel ist, kommst du und sagst, die Oma sei krank und du müsstest nach Hause gehen und sie pflegen.“
Lehrling Niklas ist entrüstet: „Also, Meister, hören Sie mal, wollen Sie etwa behaupten, meine Oma tue nur so, als wäre sie krank?“

Mit welchem Ball kann man nicht Fußball spielen?
Mit dem Erdball.

„Leichte Bälle zu halten, ist einfach. Schwierige Bälle zu halten, ist immer schwierig."
Thomas Häßler

Der ehemalige Fußballstar erzählt seinem Enkel: „Als ich damals zu Borussia Dortmund gegangen bin, wurde ich von acht Schalke-Fans angegriffen!"
„Aber Opa, letztes Jahr hast du gesagt, es seien vier Fans gewesen!"
„Da warst du noch zu jung, um die ganze Wahrheit zu erfahren!"

Was fliegt und fängt mit B an?
Der Ball.
Was fliegt und fängt mit N an?
Noch ein Ball.
Was fliegt und fängt mit S an?
Schon wieder ein Ball!

Gespräch auf dem Pausenhof: „Gestern war ich beim Champions-League-Spiel."
„Klasse, hast du Ronaldo gesehen?"
„Klar. Ich hab ihn sogar nach dem Spiel um ein Autogramm gebeten."
„Und er hat dir tatsächlich eins gegeben."
„Stimmt, woher weißt du das? Prahlt er etwa damit?"

Michi geht spazieren. Neben ihm hält ein Auto an, der Fahrer trägt ein Dortmund-Trikot und fragt ihn hektisch: „Wie weit ist es denn noch bis nach Hamburg?“ „Wenn Sie Glück haben, sind Sie in elf Monaten da.“ Da schaut der Dortmund-Fan böse. „Wollen Sie mich verkohlen? Ich dachte, ich wäre in 20 Minuten da!“ „Dann sollten Sie in die andere Richtung fahren!“

Was ist der Unterschied zwischen einem Beinbruch und einem Einbruch?
Nach einem Beinbruch muss man drei Monate liegen, nach einem Einbruch muss man drei Monate sitzen.

Ich sehe zehn Nullen vor mir. Wer bin ich?
Der Torwart.

Im Urlaub lernen sich zwei Jungs kennen, einer aus Frankfurt und einer aus Dortmund. Fragt der Frankfurter den Dortmunder: „Kannst du Fußball spielen?“

„Nee, kann ich nicht“, antwortet der Dortmunder.

„Du kommst aus Dortmund, wo das größte Fußballstadion ist, und kannst nicht Fußball spielen?“, wundert sich der Frankfurter.

Da sagt der Dortmunder: „Na, wenn schon, du kommst aus Frankfurt, wo der größte Flughafen ist. Und? Kannst du fliegen?“

Ein Stürmer fragt den anderen: „Wie schnell bist du auf 100 Meter?"
„5,9 Sekunden."
„Was? 5,9 Sekunden auf 100 Meter – das glaubst du doch selbst nicht!"
„Doch. Ich kenn nämlich eine Abkürzung …"

Was hat 22 Beine und zwei Flügel?
Eine Fußballmannschaft.

Nach dem schlechten Fußballspiel pfeifen alle den erfolglosen Stürmer aus. Nur ein einziger Junge kommt und bittet um dessen Trikot. „Oh, bist du ein Fan?", fragt der Fußballspieler geschmeichelt.
„Nein, nein", winkt der Junge ab, „aber Ihr Trikot ist das einzige, das nicht verschwitzt ist!"

Der Junge kommt vom Fußballspiel nach Hause und ist wieder einmal dreckig von Kopf bis Fuß. Da schimpft die Mutter: „Du bist ein richtiges Ferkel.“ „Aber, Mami“, sagt der Junge, „wenn ich das Ferkel bin, bist du die Sau.“

„Ach Jonas“, sagte die Mutter seufzend. „Wie oft habe ich dir schon gesagt, dass du nach dem Training deine dreckigen Klamotten in den Wäschekorb legen sollst?“

„Genau 455 Mal, Mama!“

Bei der Kreisliga A werden den Spielern ihre Prämien ausgezahlt. Als Bert Bibber seine Prämie nachzählt, zittert er am ganzen Leib. „Was ist denn mit dir los?“, fragt ein Freund verwundert.
„Ach, Kleinigkeiten regen mich immer so auf …“

Helge und Anke sitzen vor dem Fernseher und schauen sich ein Fußballspiel an. Der Stürmer schießt ein grandioses Tor und sofort stürzen sich alle seine Mitspieler begeistert auf ihn.
„Ach“, seufzt Anke. „So möchte ich von dir auch mal umarmt und geküsst werden!“
„Dann schieß du erst einmal so ein Tor!“

Oma und Opa Hölderlin gehen über den Friedhof. Opa Hölderlin liest die Inschrift eines Grabsteines vor: „Hier ruht Johannes Hubertus Knüllebrot, ein hervorragender Trainer und frommer Mann.“ Da schüttelt Oma Hölderlin empört den Kopf: „Also wirklich, drei in einem Grab … Muss das sein?“

Warum hat der dumme Fußballer Stacheldraht um seine Badewanne?
Damit er nicht so weit hinausschwimmt.

Was ist der Unterschied zwischen dem Bundestrainer und einem Briefkasten?
Schon mal einen Brief in den Bundestrainer geworfen?

Was ist das? Es steht auf dem Fußballplatz, ist schwarz und hat blaue Streifen?
Ein Schiedsrichter mit Krampfadern.

Die schottische Nationalmannschaft hat ein Länderspiel gewonnen. Der Trainer in der Umkleide: „Jungs, ihr habt prima gespielt. Ich spendiere euch eine Erfrischung. Los, McGregor, mach das Fenster auf!“

„Papa, wann hat unser Lieblingsverein eigentlich das letzte Mal gewonnen?“
„Frag Opa!“

Was ist der Unterschied zwischen einem Fußballer und einer Zecke?
Ein Fußballer kann eine Zecke haben, aber die Zecke keinen Fußballer.

Warum trägt der neue Trainer donnerstags immer gelbe Socken?
Weil die weißen in der Wäsche sind.

Warum macht der Abwehrspieler immer dieselben Fehler?
Weil der Trainer eine konstante Leistung erwartet.

Nach einer schweren Verletzung soll der Mittelstürmer sich in einem Luftkurort erholen. Bei einem Spaziergang trifft er einen Mann und fragt ihn: „Sagen Sie mal, hilft einem die Luft hier überhaupt?"
„Oh ja. Als ich hier ankam, konnte ich nicht laufen und keine feste Nahrung zu mir nehmen. Und schauen Sie sich an, was aus mir geworden ist!"
„Wow", staunt der Fußballer. „Und wie lange sind Sie schon hier?"
„Ich bin hier geboren."

Max hat zu Weihnachten das neue Schalke-Trikot geschenkt bekommen. Ganz stolz präsentiert er es seiner Freundin Susi.
Max: „Wie findest du es?“
Susi: „Wie Wasser.“
Max: „So blau?“
Susi: „So geschmacklos!“

Was hat keine Füße und läuft trotzdem?
Die Nase.

Was benutzt man zum Laufen, Trinken und Bällehalten?
Schuhe, Wasserflasche und Torwart-Handschuhe.

Was ist schlimmer als ein Hooligan?
Zwei.

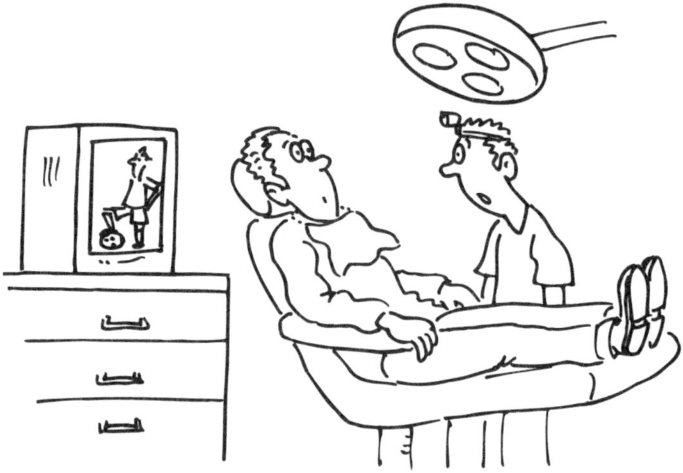

Ein Spieler kommt zum Mannschaftsarzt und erklärt: „Herr Doktor, ich habe so ein Brummen im Kopf, beim Atmen habe ich Schmerzen, die Füße tun mir weh, im Hals kratzt es fürchterlich, meine Finger sind ganz taub und ich höre immer so ein komisches Fiepen. Was fehlt mir denn nur?“

„Gar nichts“, antwortet der Doktor. „Du hast doch schon alles!“

Der Trainer fragt seufzend: „Warum antwortest du eigentlich immer mit einer Gegenfrage?“ Daraufhin der Spieler: „Tue ich das wirklich?“

Was läuft und läuft und hat doch keine Füße?
Das Wasser.

**Warum haben viele Männer O-Beine?
Damit der Ball besser durchpasst.**

„Merkt euch das“, sagt der Trainer. „Eigenlob stinkt!“
„Trainer, neben mir hat sich gerade jemand selbst gelobt.“

**Was hüpft im schwarz-gelben Trikot von Baum zu Baum?
Ein Dortmund-Fan, der die Waldwege schont.**

Auswärtsspiel beim FC Luzern. In der Pause bestellt Meier ein Bier bei der Schweizer Bedienung. Nach kurzer Zeit stellt die Bedienung Meier zwei Bier hin.
„Hier, Ihre zwei Bier.“
„Aber ich hab doch nur eins bestellt.“
„Mist“, sagt die Bedienung, „immer dieses Echo!“

Welcher Tor läuft um die ganze Welt?
Der Äquator.

Was ruft der Trainer, wenn der aggressive Torwart mit allen Mitteln seinen Torraum verteidigt?
Der will doch nur spielen!

In der Kneipe schauen sich zwei Gäste das Fußballspiel an. Der eine fragt den anderen: „Verstehen Sie eigentlich was von Fußball?"
„Nur wenn der Ton ganz laut aufgedreht ist."

Was ist das Besondere an der Nummer 10?

Eigentlich haben die Nummern auf dem Rücken der Fußball-Trikots einen praktischen Grund: Vor dem Spiel wird bekannt gegeben, welcher Spieler welche Nummer trägt. So können die Zuschauer, die Reporter und der Schiedsrichter leichter erkennen, um welchen Spieler es sich handelt. Früher wurden die Nummern zum Beispiel nach dem Alphabet der Spielernamen vergeben. Oder der Trainer nummerierte seine Spieler nach seiner Aufstellung. Manche Nummern haben aber im Laufe der Zeit eine bestimmte Bedeutung bekommen. So auch die Nummer 10. Immer öfter bekamen die zentralen Mittelfeldspieler die 10.
Sie sind für den Spielaufbau zuständig. Deshalb sind diese Spieler für eine Fußballnationalmannschaft sehr wichtig und bei den Fans sehr beliebt. Unter anderem haben so bekannte Fußballer wie Günter Netzer, Diego Maradona und Lothar Matthäus die 10 auf ihrem Trikot getragen.

Warum gibt es Männer- und Frauenfußballteams?

In Jugendmannschaften dürfen Mädchen und Jungen bis zu einem bestimmten Alter zusammen spielen. Gleichaltrige Jungen und Mädchen sind in der Regel ungefähr gleich groß. Sie können also bei gleichem Training auch ungefähr gleich stark und gleich schnell sein. Das stimmt natürlich nicht immer und nicht bei allen Spielern und Spielerinnen. Ab 12 Jahren gibt es getrennte Mädchen- und Jungenteams. Das ist nötig, weil bei ihnen dann eine unterschiedliche körperliche Entwicklung stattfindet. Seit 1974 gibt es in Deutschland neben der Männer- auch eine Frauen-Bundesliga. Der Frauenfußball wird bei uns noch nicht so sehr beachtet wie der Männerfußball. Zu Spielen der Frauen-Bundesliga kommen viel weniger Zuschauer, obwohl die deutsche Nationalelf der Frauen 2003 und 2007 Fußballweltmeister wurde. In manchen Ländern ist das anders. In den USA zum Beispiel besuchen jede Woche viele zehntausend Zuschauer die Profifußball-Liga der Frauen.

Wer tritt uns ins Gesicht, ohne eine Rote Karte dafür zu kassieren?
Der Schweiß.

Was denkst du, wenn du fünf Esel in rosa Trikots die Straße hinuntergehen siehst?
Die gehören zur selben Mannschaft.

Warum schwimmen Fußballer immer auf dem Rücken?
Damit die Fußballschuhe nicht nass werden.

Wer geht übers Feld und bewegt sich nicht?
Der Feldweg.

Warum wird der Trainer von allen Blinddarm genannt?
Weil er ständig gereizt ist und auch noch total überflüssig.

Ein Spieler wartet im Vorzimmer des Vereinsmanagers.
Durch die geschlossene Tür hört man den Manager laut
brüllen. „Was ist denn mit ihm los?“, fragt der Spieler die
Sekräterin des Managers. „Hat der Chef schlechte Laune?“
„Nee, eigentlich nicht“, antwortet sie. „Er redet mit der FIFA
in der Schweiz.“
„Und wieso nimmt er dafür nicht das Telefon?“

Der 1. FC Popelheim hat einen tschechischen Fußballer engagiert. Bei der medizinischen Einstellungsuntersuchung wird auch seine Sehkraft getestet. Ohne Probleme liest der Spieler die Buchstaben von der Tafel des Arztes ab: „CVWEXYSCZATKRYK."
„Sehr gut", lobt der Arzt. „Sie sehen ja wirklich ausgezeichnet!"
„Wieso sehen?", fragt der tschechische Fußballer. „Ich kenne den Kerl!"

Der Schiedsrichter pfeift, winkt einen Spieler zu sich und fragt: „Geben Sie zu, dass Sie Ihren Gegenspieler gerade brutal auf den Kopf geschlagen haben?“ „Ja, das gebe ich zu“, sagt der Spieler. „Aber ich möchte Sie darauf hinweisen, dass er diese krummen Beine vorher schon hatte!“

An der Tafel steht der Satz: „Peter schießt ein Tor.“
„Wo ist das Subjekt?“, fragt die Lehrerin.
Olli meldet sich: „Auf dem Fußballplatz.“

Zwei alte Freunde treffen sich im Wettbüro. „Hör mal, Jens“, sagt der eine. „Wir wetten nun schon seit 30 Jahren jede Woche auf alle möglichen Fußballspiele. Ich habe dabei noch nie was gewonnen. Hast du schon jemals beim Fußball Geld verdient?“
„Ja, letzte Woche habe ich hinter der Tribüne eine Zwei-Euro-Münze gefunden!“

„Na, wie läuft es in der Schule?“, fragt die Oma ihre drei Enkelkinder. „Bestens!“, antwortet der Jüngste und strahlt. „Tobi ist Erster in Englisch, Lisa ist Erste in Mathe und ich bin beim Fußball als Erster vom Platz gestellt worden!“

Der Mittelstürmer klagt beim Trainer: „Ich habe einen furchtbaren Husten."
Der Trainer erkundigt sich: „Warst du beim Arzt?"
„Nein, der Husten ist von alleine gekommen."

Das Spiel endet mit einer schrecklichen 1:8-Niederlage. In der Kabine knöpft der Trainer sich den Torwart vor: „Mensch, dass du mir überhaupt noch ins Gesicht sehen kannst!"
„Ach, Trainer, man gewöhnt sich an alles."

„In diesem Jahr werde ich in der Saisonpause nichts machen. In der ersten Woche werde ich nur im Schaukelstuhl sitzen“, schwärmt der faule Stürmer.
„Und in der zweiten Woche?“, fragt sein Freund.
„Da werde ich vielleicht ein wenig schaukeln.“

„Da wir so viele Verletzte hatten, konnte der Trainer zum Schluss nur noch zwischen mir und dem Busfahrer auswählen. Der Busfahrer hatte jedoch keine Schuhe dabei, sodass ich dann ins Spiel gekommen bin.“
Jan Åge Fjørtoft

„Einige haben von einem recht guten Spiel gesprochen. Da frag ich mich, ob ich zum Augen- oder Ohrenarzt muss.“
Jens Lehmann

Jonas möchte sich ein spannendes Buch kaufen. Weil er Fußball so liebt, empfiehlt ihm der Buchhändler den Krimi „Der Tote auf der Ersatzbank“. „Das ist ein total spannender Krimi“, schwärmt der Buchhändler. „Du rätselst über 300 Seiten, wer der Mörder sein könnte, und erst auf der vorletzten Seite erfährst du, dass es der Torwart war!“

Nach dem verlorenen Spiel tobt der Trainer in der Kabine: „Hab ich euch nicht immer wieder gesagt, ihr sollt aufpassen, wann die Gegner ihre Schlussoffensive starten?“
„Ja“
„Und?“
„Es war genau in der 82. Minute.“

Herr Maier ist zum vierten Mal durch die Prüfung für den Trainerschein gefallen. Seine Frau regt sich sehr darüber auf. Sie macht sich große Sorgen, dass er keine Arbeit findet. „Ach, keine Angst“, beruhigt Herr Maier sie. „Beim nächsten Mal schaff ich es. Und einen Job bekomm ich auf jeden Fall. Schließlich vertrauen die Vereine älteren Trainern viel mehr als den jungen ...“

Herr Maier und seine Frau schauen sich ein Fußballspiel an. „Warum rennen die denn alle so?“, fragt Frau Maier.
„Der Gewinner bekommt einen Pokal“, erklärt Herr Maier.
„Und warum laufen die anderen?“

Nach dem Länderspiel in Spanien klagen die Fußballspieler beim Teamarzt über schlimme Magenschmerzen. „Was habt ihr denn gegessen, Jungs?“, fragt er.
„Austern“, antworten die Spieler.
„Oje“, meint der Arzt. „Die waren dann bestimmt nicht mehr ganz frisch.“
„Woran erkennt man denn, dass Austern nicht mehr ganz frisch sind?“, fragt der Torwart neugierig.
„Frische Austern lassen sich nur schwer öffnen“, erklärt der Arzt.
„Oje“, meint der Torwart seufzend und schaut seine Kollegen an. „Das heißt, wir hätten die Dinger vor dem Essen öffnen müssen?“

Als klein Luk das Geburtstagsgeschenk seines Opas auspackt, entdeckt er einen echten Lederfußball. Er quietscht vor Vergnügen und rennt sofort nach draußen. Der Vater ist nicht so begeistert und meint zu seinem Vater: „Ich bin erstaunt, dass ausgerechnet du Luk einen Lederfußball schenkst. Hast du vergessen, wie du dich früher geärgert hast, wenn ich den Nachbarn die Fensterscheibe kaputt geschossen habe?“ Sein Vater grinst breit und erwidert dann: „Nein, das habe ich ganz und gar nicht vergessen …“

„Bekommt unser Trainer eigentlich Geld?“, fragt Peter seinen Mannschaftskollegen.
„Ja klar. Wieso denn nicht?“
„Weil wir doch die ganze Arbeit machen …“

„Omi, Omi, spielen wir zusammen Torwart?“
„Ja, geht denn das zu zweit?“
„Ja, ich ziehe mir Handschuhe an und stelle mich hierhin und du bewirfst mich mit Kaugummis und Bonbons!“

Im Deutschunterricht erklärt der Lehrer: „Jetzt sagt jeder einen Aussagesatz und danach die Befehlsform. Karlchen, fang an."
Karlchen sagt: „Ein Spieler läuft mit dem Ball auf das Tor zu."
„Ja, richtig. Und wie lautet die Befehlsform?"
„Schieß!"

Als die Kinder auf der Straße Fußball spielen, fällt Ole auf die Nase. Da kommt eine alte Frau zu ihm geeilt und fragt: „Ist alles in Ordnung? Ist die Nase heil geblieben?"
„Ja, danke", antwortet Ole. „Die Löcher waren vorher schon drin."

„Da kam dann das Elfmeterschießen. Wir hatten alle die Hosen voll, aber bei mir lief's ganz flüssig."
Lukas Podolski

Ein Profifußballer hat sich ein Bein gebrochen. Der Arzt mahnt: „Mit dem Gips dürfen Sie auf gar keinen Fall Treppen steigen!“
Nach zwei Wochen ruft der Fußballspieler ihn an und fragt: „Wann darf ich denn wieder die Treppe benutzen? Langsam wird es mir doch etwas zu anstrengend, immer an der Regenrinne rauf- und runterzuklettern.“

„Immer wenn ich die Kiste mal treffe, denke ich: ‚Und was machst du jetzt?' Und dann laufe ich da so jämmerlich rum mit Gesten, die ich hinterher peinlich finde.“
Thomas Hitzlsperger

Und wieder fliegt der Fußball nur um Haaresbreite an dem älteren Herrn auf der Parkbank vorbei. Dem reicht es nun und er ruft den kickenden Jungs zu: „Könnt ihr nicht woanders Fußball spielen?“
„Klar“, rufen die. „Aber Sie müssen schon mitkommen. Sie sind nämlich unser rechter Torpfosten!“

Nach einem schlimmen Foul liegt der Stürmer sehr nervös auf dem OP-Tisch. Der Chefarzt will ihn beruhigen: „Das ist wirklich nur ein Routine-Eingriff. Sie bekommen jetzt eine Narkose, dann führen wir die Operation ganz schnell durch, und wenn Sie wieder aufwachen, fühlen Sie sich wie neu geboren!“
Als der Stürmer wieder zu sich kommt, fällt sein erster Blick auf den Arzt. „Aber Herr Professor“, ruft er erstaunt. „Sie haben sich ja verändert! Wie konnte Ihnen denn in den paar Stunden ein so langer Bart wachsen?“
„Also bitte, von wegen Professor“, antwortet der andere. „Ich bin Petrus!“

„Und?“, fragt der Sportarzt. „Hat Ihnen meine Medizin weitergeholfen?“

„Die Zerrung ist zwar noch nicht weg“, antwortet der Stürmer, „aber meine Frau poliert damit das Silberbesteck, meine Mutter ist ihre Warzen losgeworden und mein Sohn nimmt sie als Treibstoff für seine Spielzeugeisenbahn!“

„Jetzt haben wir den Salat, sind aufgestiegen und müssen uns in der Bundesliga richtig anstrengen.“
Andreas Beck

„Nur weil ihr ein bisschen müde seid, könnt ihr nicht die eigenen Mitspieler umtreten. Die gehören immer noch zum Verein.“
Jürgen Klopp

Der 1. FC Köln will Borussia Mönchengladbach einen talentierten Nachwuchsspieler abkaufen.
„Die Ablösesumme beträgt zwei Millionen Euro für den Spieler.“
„Oh, das ist aber viel. Können wir uns auf die Hälfte einigen?“
„Tut mir leid. Halbe Spieler verkaufen wir nicht.“

In der Pause beschwert sich ein Fan am Würstchenstand: „Mensch, deine Würstchen schmecken ja gar nicht.“
„Also hör mal“, entgegnet der Verkäufer empört. „Ich hab schon Würstchen gebraten, da hast du noch in die Windeln gemacht.“
„Und warum servierst du sie erst jetzt?“

Bei Schiedsrichter Huber klingelt mitten in der Nacht das Telefon.
„Huber“, meldet er sich verschlafen.
„Oh, ist da nicht Müller?“, fragt die Stimme am anderen Ende der Leitung.
„Nein, hier ist Huber!“
„Oh, bitte entschuldigen Sie die Störung! Das ist mir ja unangenehm ...“
„Ach, das macht nichts. Ich musste ja sowieso aufstehen, weil das Telefon geklingelt hat!“

Seit 30 Jahren gehen Manni und Gerd zu jedem Heimspiel. „Ach, Manni“, sagt Gerd eines Tages. „Schon unser halbes Leben lang sitzen wir bei jedem Heimspiel hier, immer auf denselben Plätzen, immer im selben Stadion. Wollen wir nicht mal irgendwas anders machen?“
„O.k., lass uns die Plätze tauschen!“

Beim Fußballtraining geben zwei Jungs ordentlich an. „Mein Bruder drückt zwei Billardkugeln aneinander und es bleiben nur Brösel übrig“, prahlt der eine. „Ach, das ist doch noch gar nichts“, meint der andere. „Mein Bruder drückt zwei Ochsen aneinander und es bleibt nur ein Würfel Brühe übrig!“

„Der Pausentee war lecker. Wir haben eine Packung Herztropfen genommen und dann lief es besser.“
Bastian Schweinsteiger

Am Montag kommt Kalle glücklich zur Arbeit. An seiner rechten Hand glänzt ein goldener Ehering. „Mensch, Kalle, du und ein Ehering?", fragt der Kollege verwundert. „Wie kommt das denn? Ich dachte, du wärst nur Trauzeuge bei der Hochzeit deines besten Freundes."

„Ja, so war es ja auch geplant. Aber mein Kumpel hat überraschend noch eine Karte fürs Endspiel bekommen und da bin ich halt eingesprungen ..."

In der Mannschaft ist ein Grippevirus ausgebrochen. Fast die Hälfte der Spieler kann am Wochenende nicht auflaufen. Trainer und Manager sind entsetzt und bitten den Arzt um seine Diagnose. „Nun“, sagt der Arzt. „Ich habe eine gute und eine schlechte Nachricht für Sie. Zuerst die schlechte: Dieses Grippevirus ist völlig neuartig und es gibt dagegen kein Medikament. Und jetzt die gute Nachricht: Ich werde das neu entdeckte Grippevirus nach Ihrer Mannschaft benennen.“

„Herr Beckenbauer, ich vermute, die Schmerzen in Ihrem linken Bein sind altersbedingt“, erklärt die junge Ärztin.
„Aber mein rechtes Bein ist genauso alt und tut nicht weh!“

Der Vorstandsvorsitzende des Fußballvereins kommt zur Polizei und meldet den Platzwart als vermisst.
„Seit wann ist er fort?“, fragt der Polizist.
„Seit dem Tag, an dem der Rollrasen verlegt wurde.“
„Und gibt es irgendwelche Unebenheiten im Rasen?“

„Es gibt jetzt überall auf anderen Pressekonferenzen Trainer, die denselben Käse erzählen wie ich.“
Joachim Löw

Im Stadion beschwert sich ein Fan beim Würstchenverkäufer: „Die Wurst ist ja ganz lecker, aber die Wurstzipfel gefallen mir gar nicht.“
„Was ist denn mit den Zipfeln nicht in Ordnung?“
„Sie sind viel zu nah beieinander.“

Ein älterer Mann sitzt gemütlich auf der Parkbank, als ihn plötzlich ein Fußball am Knie trifft. Der Mann schreit den Schützen an: „Willst du eine Ohrfeige von mir oder was?“
„Nein danke“, antwortet der Junge. „Meine Mutter hat mir verboten, etwas von fremden Männern anzunehmen.“

„Ihr fünf spielt jetzt vier gegen drei.“
Jürgen Klopp

Zwei Manager verhandeln hart um die Ablösesumme für einen Fußballprofi. Es geht um einen Haufen Geld. „Bring mir den Spieler. Ist er gut, gebe ich dir den Scheck.“
„Bring mir den Scheck. Ist er gut, gebe ich dir den Spieler.“

Beim Pokalspiel wird der Abwehrspieler schlimm gefoult. Drei seiner Zähne wackeln übel. Der Trainer schickt ihn sofort zum Zahnarzt. Nach dem Spiel kommt der Abwehrspieler singend zurück.
„Wieso hast du denn so gute Laune?“, fragt der Trainer.
„Ich war beim Zahnarzt.“
„Dann hat es wohl nicht wehgetan, was?“
„Nein“, sagt der Abwehrspieler strahlend. „Er war gar nicht da.“

Der Fußballer klagt dem Arzt: „Herr Doktor, mir geht es hundsmiserabel, wirklich sauschlecht, so ein richtiger Katzenjammer.“ „Tja, da gehen Sie wohl besser zum Tierarzt!“

Der schöne Stürmer der Drittliga-Mannschaft holt seine Freundin in einem funkelnagelneuen Sportwagen ab.
„Wow, was für ein toller Wagen!“, ruft sie begeistert.
„Tja, das war ich in meiner Position einfach schuldig“, erklärt er grinsend.
„Und das Geld dafür?“, fragt sie.
„Das bin ich meiner Bank schuldig.“

Die neue Kindergarten-Fußballmannschaft hat ihr erstes Spiel. Sie verlieren auf dem großen Feld haushoch, doch der Trainer muntert die Kleinen auf: „Kopf hoch! Wir haben zwar verloren, aber dafür hat sich keiner von euch verlaufen!“

„Wenn ich heute fünf Talente einbaue und mehrere Spiele hintereinander verliere, dann lassen die Leute an den Blumen, die sie mir zuwerfen, plötzlich die Töpfe dran.“
Peter Stöger

Ein Mann im Fußballtrikot hält Frau Birnbaum auf der Straße an.
„Wissen Sie, wie man zum Stadion kommt?“, fragt er.
„Nein, leider nicht“, sagt Frau Birnbaum.
„Dann sage ich es Ihnen. Sie gehen die Straße runter, dann nach links und an der dritten Kreuzung rechts.“

Völlig außer Atem steigt ein Mann in ein Taxi.
„Schnell! Bringen Sie mich zum Stadion! Ich muss unbedingt zum Länderspiel Deutschland gegen die Niederlande!“
Da sagt der Taxifahrer: „Das werden wir nicht schaffen. Das Spiel müsste vor fünf Minuten angepfiffen worden sein.“
„Wurde es nicht“, antwortet der Fahrgast. „Ich bin der Schiedsrichter.“

Nach einer erneuten Niederlage wird der erfolglose Torhüter ins Büro des Vereinspräsidenten zitiert. Der Präsident schaut ihn streng an und sagt: „Der Trainer macht sich Sorgen um Ihre Motivation.“

„Ach, Herr Präsident“ , erwidert der Torhüter lächelnd. „Was gehen uns die Sorgen anderer Leute an?“

„Wir wollten unbedingt einen frühen Rückstand vermeiden. Das ist uns auch gelungen. Der VfB Stuttgart hat in den ersten zweieinhalb Minuten kein Tor geschossen.“
Niko Kovač

„Na, Marco, erzähl doch mal“, fordert der Onkel seinen Neffen auf, „willst du immer noch Fußballprofi werden?“

„Nein“, antwortet Marco. „Seit ich weiß, dass die nach jedem Spiel duschen müssen, nicht mehr.“

„Mama, Mama, schau mal, der Schiedsrichter zeigt dem Spieler ein Foto seiner Frau statt der Gelben Karte!"
„Sei still, Anton!"
„Und jetzt pfeift er in sein Feuerzeug!"
„Anton. Ruhe jetzt!"
„Und jetzt, Mama, jetzt hat er gerade in sein Schweißband gebissen!"
„Anton, jetzt ist Schluss. Bring dem Schiedsrichter bitte seine Brille zurück!"

„Nein, nein, du musst zum Training!"
„Die Spieler mögen mich nicht, die Journalisten hassen mich, der Schiedsrichter kann mich nicht leiden und der Platzwart kann mich nicht ausstehen."
„Keine weiteren Ausreden – du bist der Bundestrainer und du musst zum Training!"

„Wir waren alle vorher überzeugt davon, dass wir das Spiel gewinnen. So war auch das Auftreten meiner Mannschaft – zumindest in den ersten zwei Minuten."
Jens Rasiejewski

Zwei Freunde unterhalten sich über die nächste WM.
„Ich denke, ich werde hinfahren und mir alle Spiele anschauen."
„Cool. Und was kostet dich das?"
„Nichts."
„Wieso nichts?"
„Na, denken kostet doch nichts."

Das Quiz für Fußballchecker

1. Welcher ist der älteste Bundesligaverein Deutschlands?
A: Hamburger SV
B: VfB Stuttgart
C: Eintracht Frankfurt

2. Was ist eine Schwalbe?
A: Ein Spieler täuscht ein Foul vor.
B: Die Maschinen, die die weißen Linien auf den Fußballplatz malen. Sie sind von der Firma Schwalbe.
C: Spezielle Fußballschuhe, die den Torwart weiter und höher springen lassen.

3. Wie lange dauert in der Regel eine Halbzeitpause?
A: 10 Minuten
B: 20 Minuten
C: 15 Minuten

4. Wie oft darf der Trainer die Spieler in einem Bundesliegaspiel auswechseln?
A: So oft, wie er will.
B: fünfmal
C: dreimal

5. Wo befindet sich die Zentrale des DFB?
A: In München.
B: In Frankfurt am Main .
C: In Berlin.

6. Wo fand die erste Fußball-Weltmeisterschaft statt?
A: Brasilien
B: Uruguay
C: Schweiz

7. Wann erhält ein Spieler einen Platzverweis?
A: Wenn er sich verletzt hat.
B: Wenn er eine Rote Karte erhält .
C: Wenn er eine Gelbe Karte erhält.

8. Wie oft wurde Deutschland schon Weltmeister?
A: viermal
B: zweimal
C: siebenmal

9. In welchem Jahr wurde die deutsche Bundesliga gegründet?
A: 1911
B: 1963
C: 1974

10. Wie viele Mannschaften gibt es in der ersten Bundesliga?
A: 16
B: 18
C: 20

11. Das WM-Finalspiel Deutschland gegen Ungarn 1954 nennt man auch?
A: Das Wunder von Bern
B: Die Wembley-Überraschung
C: Die Schmach von Cordoba

12. Was macht einen guten Schiedsrichter aus?
A: Er ist sehr groß, kann laut schreien und wird deshalb von jedem Fußballspieler akzeptiert.
B: Er pfeift immer für die Heimmannschaft und macht sich so bei den Fans des Teams beliebt.
C: Er ist unparteiisch und sorgt für einen fairen Spielablauf.

13. Welches Land gilt als „Mutterland“ des Fußballs?
A: Deutschland
B: England
C: Italien

14. Aus wie vielen kleinen Flächen ist ein klassischer Fußball zusammengenäht?
A: 32
B: 90
C: 11

15. Mit welchem besonderen Schuss beginnt jedes Fußballspiel?
A: Mit dem Durchschuss.
B: Mit dem Anstoß.
C: Mit dem Startschuss.

16. Wann „verhungert“ ein Ball?
A: Wenn die Luft aus dem Ball entwichen ist.
B: Wenn der Ball auf der Tribüne verschwindet.
C: Wenn der Ball so schwach geschossen wurde, dass er vor dem Ziel ausrollt.

17. Wie heißt der aktuelle Trainer der Nationalmannschaft?
A: Otto Rehhagel
B: Joachim Löw
C: Jürgen Klinsmann

18.Wie lange dauert ein offizielles Fußballspiel?
A: 120 Minuten
B: 100 Minuten
C: 90 Minuten

19. Für welche Nationalmannschaft spielt der berühmte Ronaldo?
A: Spanien
B: Portugal
C: Brasilien

20. Wer gewann 2011 die Frauen-Fußballweltmeisterschaft?
A: Deutschland
B: Japan
C: USA

Die Auflösung findest du auf Seite 4

So wird dein Fußballwissen ein echter Volltreffer

160 Seiten
ISBN 978-3-440-17978-9

Mit über 600 Fotos und Zeichnungen und extra Profitipps zu Technik und Taktik

Das ultimative Fußballbuch für Kids – entwickelt mit den Fußball-Experten vom „kicker". Hier steht alles drin, was es über deinen Lieblingssport weltweit zu wissen gibt: Regeln, Rekorde und Meisterschaften, Bundesliga und Nationalteams, Geschichte und aktuelle Trends.

8+

256 Seiten
ISBN 978-3-440-17316-9

Das ultimative Fußball-Quiz macht dich zu einem Experten: witzige, verrückte und spannende Fragen rund um den Ball werden ergänzt durch jede Menge Fußballwissen. Damit bringst du deine Freunde und Familie zum Staunen und verkürzt jede langweilige Spielpause.

kosmos.de

Fußball, Freundschaft & ein magisches Maskottchen

Band 1, 128 Seiten
ISBN 978-3-440-17533-0

Band 2, 128 Seiten
ISBN 978-3-440-17534-7

Band 3, 128 Seiten
ISBN 978-3-440-17784-6

Die drei Freunde Ben, Mika und Robin sind unzertrennlich und ein eingeschweißtes Team, das sich gemeinsam und mithilfe des Maskottchens Péle dem Alltag des Internats stellt. Magische Fußballabenteuer mit viel Witz und Fantasie erzählt - für Kinder ab 8 Jahren.